새로운 세대를 위한 코딩

엔트리와 아두이노

박종현 · 정보권 공저

홍릉과학출판사

새로운 세대를 위한 코딩
엔트리와 아두이노

인 쇄 : 2018년 5월 10일 초판 1쇄
발 행 : 2018년 5월 21일 초판 1쇄

지은이 : 박종현 · 정보권 공저

발행인 : 송 준
발행처 : 홍릉과학출판사

주 소 : 서울시 강북구 인수봉로 50길 10
전 화 : 02-999-2274~5 팩스 : 02-905-6729
e-mail : hongpub@hongpub.co.kr
홈페이지 : www.hongpub.co.kr

ISBN : 979-11-5600-559-9 93000
정 가 : 17,000원

파본이나 잘못된 책은 교환하여 드립니다.

들어가기

4차 산업 혁명이 우리 사회를 변화시키고 있습니다. 또한, 정보통신 기술의 혁명, 융합 혁명 등 새로운 혁명들이 기업의 체질을 변화시키고 있습니다. 우리나라 초 · 중등 교육의 경우도 예외는 아닙니다. 2018년부터 중학교 1학년을 시작으로 소프트웨어 교육이 학교에서 필수화되었습니다. 정부는 미래의 창의적 인재 육성을 위하여 '컴퓨팅 사고력을 바탕으로 논리적 · 창의적 사고와 문제 해결 능력'을 향상시키기 위해 소프트웨어 교육을 강화하겠다는 의지를 밝혔습니다.

창의적 인재를 기르기 위해서 우리 사회는 어떻게 해야 할까요?

본 도서의 경우 엔트리(Entry)와 아두이노(Arduino)를 중심으로 소프트웨어 교육을 풀어보고자 했습니다. 프로그래밍을 처음 배우는 학생들에게 프로그래밍 언어의 문법을 가르치기보다는 엔트리와 아두이노를 이용하여 쉽고 재미있게 주변의 사례를 적용해서 고민해 보고, 스스로 문제를 해결하고자 하는 욕구를 이끌어주어, 자신이 배운 기술을 발전시켜 실생활에 적용할 수 있는 창의성을 길러줘야 합니다.

엔트리와 아두이노 기반의 소프트웨어 교육은 창의성을 가진 미래의 인재를 만드는 데 매우 훌륭한 도구로 사용될 수 있습니다. 엔트리를 이용하여 문법 위주가 아닌 쉬운 프로그래밍(코딩)을 익히고, 자신이 생각한 결과를 알고리즘으로 정리하여 효율적으로 문제를 해결하는 방법을 익히며, 아두이노에서는 전자부품들의 특성을 쉽게 이해하고 창의성을 발휘하여 다양한 형태의 전자회로를 스스로 구성해서 실생활에서의 문제 해결 능력을 향상시킬 수 있습니다.

들어가기

본 도서의 차례를 보면 1부는 엔트리, 2부는 아두이노로 구성되어 있습니다.

1부 1장 에서는 엔트리를 소개하고, 화면구성을 설명하고 있습니다. 처음 접하는 엔트리 오브젝트와 이동 방향의 개념을 쉽게 전달하였습니다.

1부 2장 에서는 엔트리 활용에 초점을 맞추었습니다. 입력과 출력, 상수와 변수, 그림, 소리, 신호, 리스트, 함수의 내용을 설명하고 있습니다. 그림과 소리는 흥미로워 쉽게 배울 수 있지만 새롭게 등장하는 신호와 함수의 개념과 차이점을 잘 이해해야 합니다.

1부 3장 에서는 프로그램을 효과적으로 작성하는 구조적 프로그래밍에 대하여 설명하고 있습니다. 구조적 프로그램의 구성인 순차, 선택, 반복 구조를 예를 들어 설명하고 엔트리를 활용하여 실생활 속의 사례를 세 가지 구조로 구현해 보았습니다.

2부 1장 에서는 오픈소스 하드웨어 플랫폼인 아두이노를 설명하고 있습니다. 아두이노의 전반적인 기본 개념 부분과 스케치를 만드는 아두이노 통합개발 환경에 대하여 설명하였습니다. 그리고 아두이노를 처음 사용할 때 마주치는 기본 내용을 다루고, 아두이노를 사용하면서 발생되는 오류를 스스로 해결하는 방향을 알려줍니다.

2부 2장 에서는 아두이노를 사용하는 데 필요한 전기 · 전자 기본 지식에 대하여 설명하고 있습니다. 전기, 저항기, 브레드보드를 설명하여 아두이노에서 전자부품을 어떻게 사용해야 하는지를 알려줍니다.

2부 3장 에서는 변수, 순차, 선택, 반복문, 배열과 같은 자주 사용되는 프로그래밍 문법을 다양한 방식의 LED 동작을 만드는 프로그램을 구성해 보며 이해하도록 했습니다. 그리고 아두이노에서 digitalWrite와 analogWrite의 차이점을 구분하여 디지털 신호와 아날로그 신호가 어떻게 다른지 전달했습니다.

2부 4장 에서는 가장 기본적인 통신 방식인 시리얼 통신의 개념과 사용 방법에 대하여 설명하였습니다. 여러 가지 시리얼 통신 관련 명령어를 직접 실습해 보면서 조건문에 대해서 설명하고 아두이노와 컴퓨터 간의 통신을 이해하도록 했습니다.

2부 5장 에서는 세 가지 색상을 표현할 수 있는 RGB LED의 색상 표현 방법에 대하여 학습하고, 시리얼 통신으로 RGB LED를 동작시켜보는 것을 통해 함수의 개념을 설명하였습니다.

본 도서를 읽으시는 분들이 어떤 창의력과 상상력의 날개를 펼칠지 궁금합니다. 실생활 속에서 다양한 모습과 구조를 나만의 생각으로 표현해서 새로운 상상이 현실이 될 수 있다는 것을 느껴보시기 바랍니다. 모든 상상이 현실로 구현되지 않을 수 있지만 엔트리와 아두이노의 기초적인 개념을 다진 뒤에 두 가지 도구의 다양한 활용 방법을 이해하고 여러분의 상상력이 더해진다면 정말 멋진 창의적인 결과물을 얻을 수 있을 것입니다.

본 도서가 소프트웨어를 처음 시작하는 이들에게 상상력의 징검다리가 되고, 미래 사회에 필요한 창의적인 인재를 만드는 소중한 마중물이 되길 희망합니다.

마지막으로 본 도서를 출판하는 데 도움을 주신 홍릉과학출판사의 모든 관계자분들과 오랜 집필 기간 동안 지치지 않도록 관심과 응원으로 도와준 가족들에게 감사와 사랑의 마음을 전합니다.

박종현, 정보권

차 례

1부 | 엔트리

CHAPTER 01 엔트리 소개

CHAPTER 02 엔트리 활용

CHAPTER 03 구조적 프로그래밍

2부 | 아두이노

CHAPTER 01 오픈 하드웨어 플랫폼 '아두이노'

차 례

CHAPTER 02 전기 · 전자 기본 상식

CHAPTER 03 LED 가지고 놀기

CHAPTER 04 시리얼 통신

CHAPTER 05 3색 RGB LED

1부

엔트리(Entry)

CHAPTER

01

엔트리 소개

1.1 엔트리 소개

엔트리(Entry)는 누구나 무료로 소프트웨어 교육을 받을 수 있도록 개발된 프로그램의 이름입니다. 스크래치(Scratch)와 같이 다양한 블록을 조합하여 명령어들을 구성하여 프로그래밍을 할 수 있습니다. 그리고 엔트리는 블록 기반의 EPL(Easy Programming Language) 언어입니다. 명령어를 외우기보다는 직접적인 흐름을 이해하고, 전체적인 구조를 쉽게 파악할 수 있기 때문에 누구나 배우기 쉽습니다. 명령어를 외우지 않고 키보드로의 입력을 최소화하여 주로 마우스로만 프로그래밍을 합니다.

엔트리의 특징

그림 1-1 학습하기

① 학습하기 – 재밌게 배우는 학습 공간

[그림 1-1]에서는 컴퓨터를 활용해 논리적으로 문제를 해결할 수 있는 다양한 학습 콘텐츠가 준비되어 있습니다. 게임을 하듯이 주어진 미션들을 컴퓨터 프로그래밍으로 해결하고, 동영상을 보면서 소프트웨어의 원리를 재밌게 배울 수 있습니다.

그림 1-2 만들기

② 만들기 – 프로그래밍의 즐거움

[그림 1-2]에서는 미국 MIT에서 개발한 스크래치와 같은 블록형 프로그래밍 언어를 사용하여 처음 접하는 사람들도 쉽게 자신만의 프로그램을 만들 수 있습니다.

그림 1-3 공유하기

③ 공유하기 - 공유하기와 함께하기

[그림 1-3]에서는 엔트리에서 만든 작품을 다른 사람들과 공유할 수 있습니다. 공유된 작품이 어떻게 구성되었는지 살펴볼 수 있고, 이를 발전시켜 또 다른 작품을 만들 수도 있습니다. 또한, 친구들과 함께해 더 멋진 작품을 만들 수 있습니다.

그림 1-4 학급기능

④ 학급기능 - 우리 반 학습 공간

[그림 1-4]는 선생님께서 학급별로 학생들을 관리할 수 있는 기능입니다. 엔트리만 있는 기능으로 학급만의 **학습하기, 만들기, 공유하기**를 만들 수 있으며, 과제를 만들고 학생들의 결과물을 확인할 수 있습니다.

이제부터 엔트리 홈페이지(https://playentry.org)에 접속하여 엔트리의 세계에 빠져 봅시다.

> **TIP**
> 엔트리를 잘 사용하려면 크롬(chrome)이라는 웹브라우저를 사용해야 합니다.
> 크롬 다운로드하는 곳 ⇒ https://www.google.co.kr/chrome/browser/desktop/

엔트리 회원가입

① 엔트리 홈페이지(https://playentry.org)에 접속합니다.

그림 1-5 엔트리 홈페이지

② 회원가입 버튼을 클릭합니다.

③ 학생/선생님을 선택하고, 이용약관과 개인정보 수집 및 이용에 대한 안내를 읽어보고, 동의를 체크합니다.

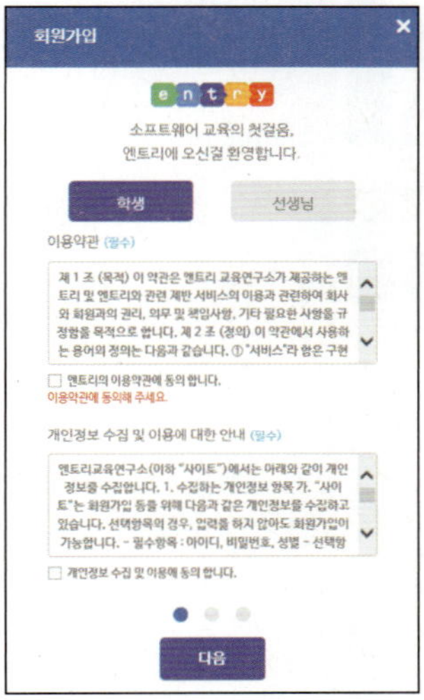

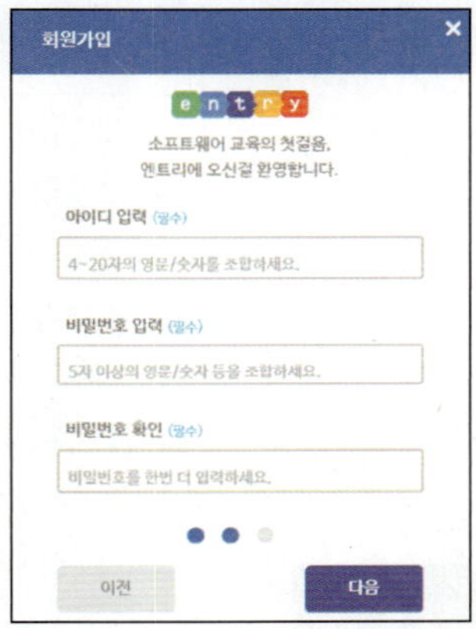

④ 아이디(4~20자의 영문/숫자)와 비밀번호(5자 이상의 영문/숫자), 비밀번호 확인 항목을 입력합니다.

⑤ 작품을 공유하고 싶은 그룹, 성별, 이메일을 입력합니다. 나중에 온라인으로 자신의 작품을 공유할 때 필요합니다.

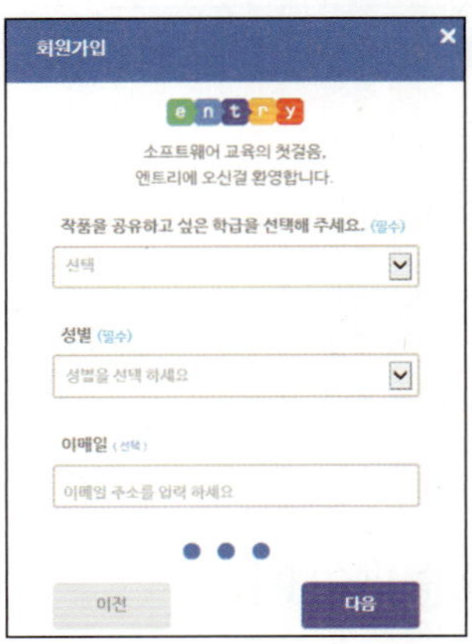

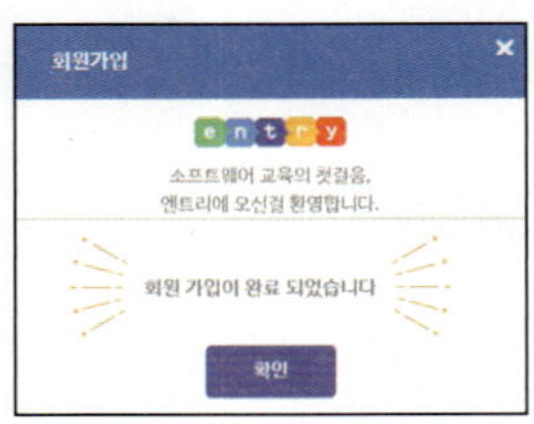

⑥ 회원가입이 완료되었습니다.

TIP

인터넷이 안돼도 걱정하지 마세요. 엔트리 오프라인 에디터가 있습니다.
다운로드하는 곳 ⇒ https://playentry.org/#!/offlineEditor

1.2 엔트리 화면구성 및 설명

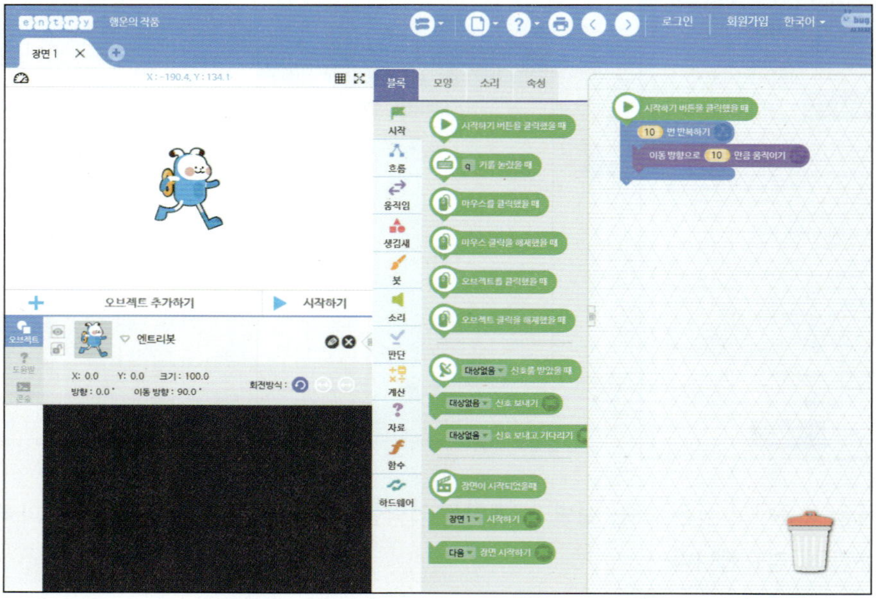

그림 1-6 엔트리 화면구성(홈페이지 〉 만들기 〉 작품 만들기)

가. 메뉴 바

① entry : [엔트리 로고]를 누르면 엔트리 메인 페이지로 이동합니다. (https://playentry.org/#!)

② 대단한 작품 : 작품의 이름입니다. 클릭하여 다른 이름으로 변경할 수 있습니다.

③ : 작품을 새롭게 만들거나 저장한 작품을 불러옵니다.

④ : 현재 작품을 저장하거나 다른 이름으로 저장합니다.

⑤ ? : 블록 설명을 보거나 하드웨어 연결 안내 파일을 받을 수 있습니다. '블록 설명'을 선택하면 오브젝트 목록 창에 '블록 도움말'이 나타나고 내가 선택하는 블록에 대한 설명을 볼 수 있습니다.

⑥ < > : 작업을 바로 이전으로 되돌리거나, 바로 이후로 복구시킬 수 있습니다.

⑦ entry : entry라는 아이디로 로그인한 것입니다. 로그인 한 경우 자신의 아이디(entry)를 클릭하면 내가 저장한 작품을 조회할 수 있습니다. 또한 나의 정보를 수정하거나 로그아웃 할 수 있습니다.

⑧ 한국어 : 언어를 변경할 수 있습니다. 현재 사용가능한 언어는 한국어, 영어, 베트남어입니다.

⑨ bug : 버그(bug) 리포트 이용 시 발생하는 오류나 버그 신고 및 엔트리를 위해 좋은 제안을 할 때 클릭하여 사용합니다.

나. 장면 창

그림 1-7 장면 창

① 장면 1 × : 마우스로 클릭하면 '장면 1'의 이름을 수정할 수 있습니다.

② : 새로운 장면을 추가할 때 사용합니다.

③ : 실행 속도를 조절할 수 있습니다(5단계).

④ : 장면 창에 모눈종이가 표시되어 좌표를 쉽게 읽을 수 있습니다.

⑤ : 실행 화면이 확대되어 전체 화면으로 표시되고 원래 화면으로 돌아오려면 화면 축소 버튼을 클릭합니다.

⑥ + : 저장된 라이브러리에서 오브젝트를 추가하거나, 별도의 파일을 업로드할 수 있고 새로운 그림을 그리거나, 글상자로 직접 글자를 쓸 수 있습니다.

⑦ ▶ : 작성한 블록 프로그램을 실행시킬 수 있습니다.

다. 오브젝트 창

오브젝트(object)

명령어를 통해 움직일 수 있는 모든 캐릭터, 사물, 글상자, 배경 등을 '오브젝트'라고 합니다. 오브젝트는 **이름, 위치, 크기, 방향, 이동 방향, 회전 방식**의 정보들을 가지고 있습니다. 이러한 정보들은 오브젝트의 핸들러(흰색 사각형)를 이용하여 수정하거나, 연필 모양의 수정 버튼을 클릭하여 직접 입력할 수 있습니다. 더 이상 필요가 없는 경우 삭제 버튼을 클릭하여 오브젝트를 삭제할 수 있습니다.

[그림 1-8] 아래 왼쪽의 눈 모양을 클릭하면 해당 오브젝트를 장면 창에서 숨기고 눈을 감은 모양이 됩니다. 자물쇠 모양을 클릭하여 자물쇠가 잠긴 모양이 되면 해당 오브젝트의 정보를 수정할 수 없습니다.

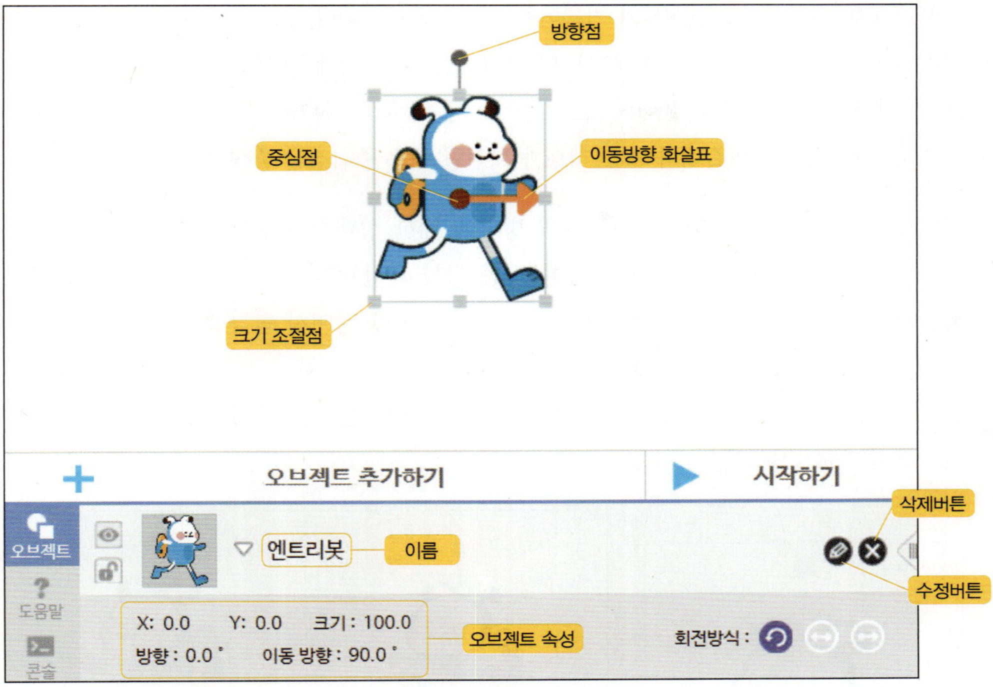

그림 1-8 오브젝트 창

① **이름**: [그림 1-8]에서 오브젝트의 이름은 수정 버튼을 클릭하여 수정할 수 있습니다.

② **위치**: [그림 1-8]에서 오브젝트에 있는 중심점의 X, Y 좌표를 의미합니다. 오브젝트가 선택된 상태에서 아무 핸들러가 없는 부분을 끌어서 옮기거나, 수정 버튼을 클릭하여 직접 좌표를 입력할 수 있습니다. 중심점만을 옮겨도 위치가 변하지만 특별한 목적이 없는 경우 중심점이 오브젝트의 중앙에 위치하는 것이 좋습니다.

③ **크기**: [그림 1-8]에서 오브젝트의 크기입니다. 오브젝트의 크기는 크기 조절점을 끌어서 조절하거나 수정 버튼을 클릭하여 직접 입력할 수 있습니다. 크기 조절점으로 조절하는 경우, 오브젝트의 가로-세로 길이를 다르게 조절할 수 있으며, 크기를 입력하는 경우는 가로-세로가 일정한 비율로 변화합니다. 처음 오브젝트를 불러올 때의 크기는 100으로 제공되며, '배경' 카테고리에 해당하는 오브젝트들의 크기는 실행화면에 꽉 차는 크기인 375로 제공됩니다.

④ **방향:** [그림 1-8]에서 오브젝트가 기울어진 정도를 의미합니다. 오브젝트의 방향은 방향점을 끌어서 바꿀 수 있으며, 시계의 12시 방향을 0으로 하여 시계방향으로 돌릴수록 증가하며, 360도가 되면 0으로 돌아옵니다. [그림 1-8]에서 수정 버튼을 클릭하여 직접 방향값을 입력하여 바꿀 수도 있습니다. 오브젝트가 회전할 때는 중심점을 중심으로 회전합니다.

⑤ **이동 방향:** [그림 1-9]에서 오브젝트의 방향에 대한 상대적인 진행 방향을 의미합니다. 즉, 이동 방향은 방향점을 축으로 하여 '이동 방향 화살표'가 벌어진 각도라고 생각할 수 있습니다. 오브젝트의 이동 방향은 '이동 방향 화살표'를 끌어서 변경할 수 있습니다. 이동 방향은 이동 방향 화살표와 방향점이 일치할 때는 0으로 하여 시계방향으로 돌릴수록 증가하며, 360도가 되면 0으로 돌아옵니다. 수정 버튼을 클릭하여 직접 이동 방향값을 입력하여 바꿀 수도 있습니다.

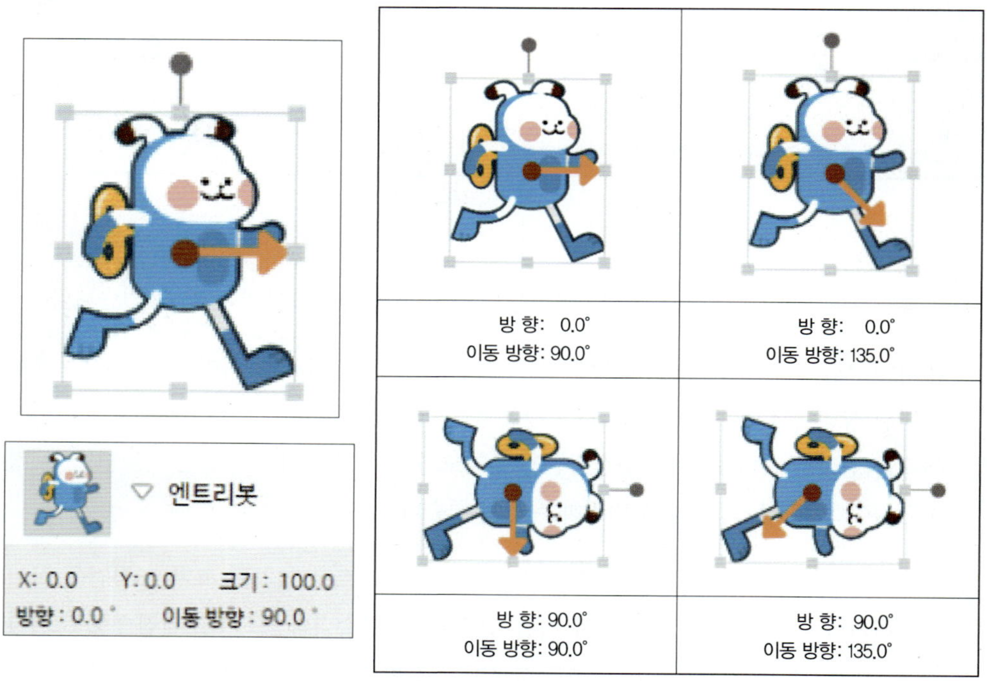

그림 1-9 방향과 이동 방향

⑥ **회전 방식:** [그림 1-8]에서 오브젝트의 회전 방식을 결정합니다. 회전 방식에는 [그림 1-10]에서처럼 '모든 방향 회전', '좌우 방향 회전', '회전 없음'의 세 가지 방식이 있으며,

각각의 방식에 '화면 끝에 닿으면 튕기기' 블록을 사용할 때 오브젝트의 모습이 달라집니다. [그림 1-10]을 보면 보다 쉽게 이해가 될 것입니다.

코드	회전방식에 따른 실행 결과	
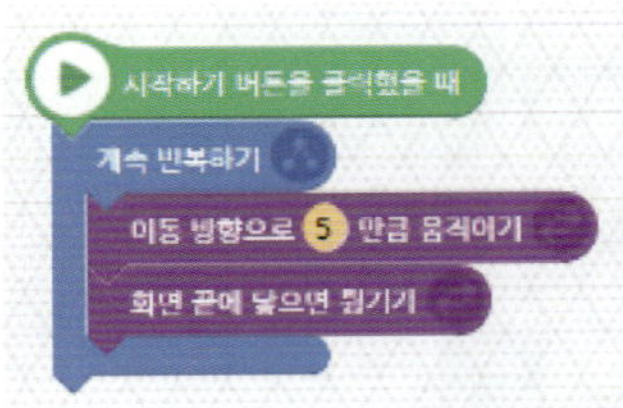 	모든 방향 회전	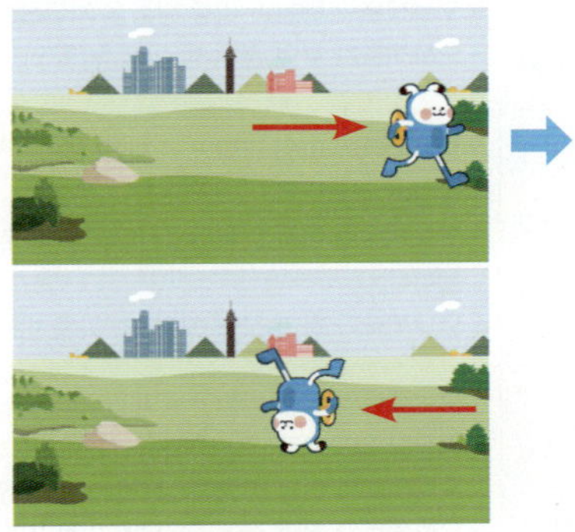
	좌우 방향 회전	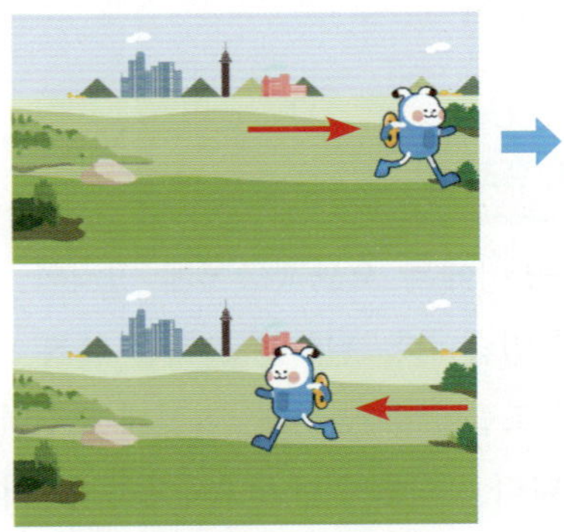
	회전 없음	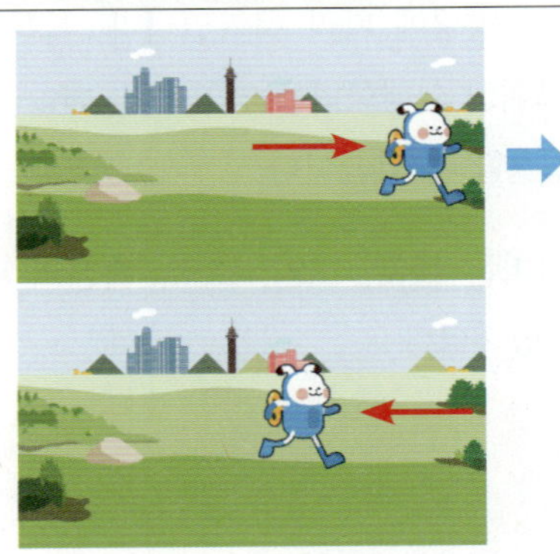

그림 1-10 회전 방식

회전 방식에 따라 오브젝트의 모습이 다르게 나타나는 이유는 '방향'과 '이동 방향'에 대한 정의가 회전 방식에 따라 달라지기 때문입니다.

회전 방식	설명
모든 방향 회전	• 오브젝트의 방향과 이동 방향이 모두 존재합니다. • 오브젝트의 방향과 이동 방향을 자유롭게 바꿀 수 있습니다. • 오브젝트가 화면 끝에 튕길 때 '방향'만 변화합니다.
좌우 방향 회전	• 오브젝트의 이동 방향만 존재합니다. • 방향이 없으므로, 오브젝트를 기울일 수 없습니다. • 오브젝트의 이동 방향이 0~180°일 때 오른쪽을 본 모습으로, 180~360°일 때 왼쪽을 본 모습으로 좌우가 반전됩니다. • 오브젝트가 화면 끝에 튕길 때 '이동 방향'만 변화합니다.
회전 없음	• 오브젝트의 이동 방향만 존재합니다. • 방향이 없으므로, 오브젝트를 기울일 수 없습니다. • 오브젝트의 이동 방향에 상관없이 항상 같은 모습을 유지합니다. • 오브젝트가 화면 끝에 튕길 때 '이동 방향'만 변화합니다.

라. 블록 꾸러미

[그림 1-11]에는 오브젝트에게 명령할 수 있는 다양한 블록들이 있습니다. 원하는 블록을 블록 조립소로 끌어와 레고처럼 조립할 수 있는데, 이렇게 조립한 블록들을 **코드**라고 합니다. 블록 위에서 '시작하기' 버튼을 클릭하면 오브젝트가 명령에 따라 움직입니다. 블록 꾸러미와 블록 조립소, 그리고 실행화면은 영역 조절 핸들러를 통해 영역의 크기를 조절할 수 있습니다.

블록 꾸러미는 **블록**, **모양**, **소리**, **속성**의 네 개의 탭으로 이루어져 있습니다.

그림 1-11 블록 꾸러미

① **블록** : 오브젝트를 움직일 수 있는 다양한 명령 블록들이 있습니다. 시작, 흐름, 생김새 등 11개 카테고리, 140여 개의 블록들이 있습니다.

② **모양** : 오브젝트의 모양을 추가하거나 이름을 수정하고 복제하는 등의 작업을 할 수 있는 탭입니다.

③ **소리** : 오브젝트에 관련된 소리를 관리하는 탭입니다. 새롭게 소리를 추가하거나, 이미 추가된 소리들을 바로 들어볼 수도 있습니다.

④ **속성** : 코드에서 사용하는 변수, 신호, 리스트, 함수 등을 추가할 수 있는 탭입니다.

마. 블록 조립소

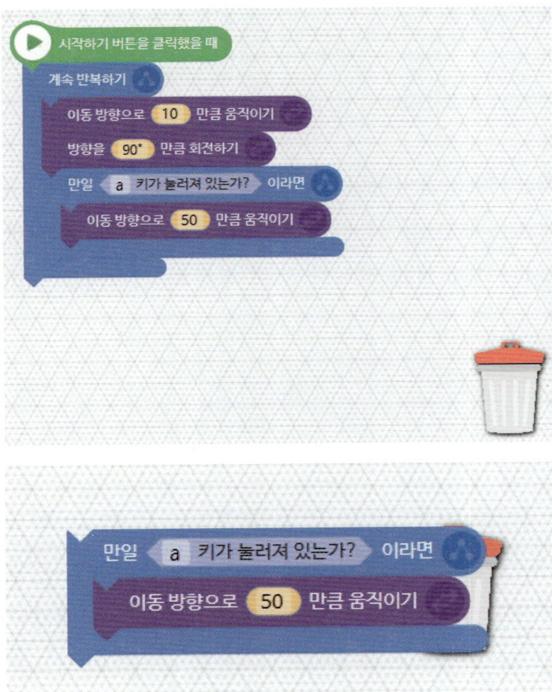

그림 1–12 블록 조립소

블록 조립소에서는 블록 꾸러미의 블록들을 끌어와 레고 블록처럼 조립할 수 있습니다. 블록 조립소는 오브젝트마다 따로 존재합니다. 예를 들어 엔트리봇 오브젝트를 움직이고 싶을 때는 엔트리봇을 선택한 상태에서, 펭귄을 움직이고 싶을 때에는 펭귄을 선택한 상태에서 블록 조립소에 블록을 조립하여야 합니다.

필요없는 블록은 마우스로 드래그하여 휴지통에 넣어 버립니다.

블록 위에서 마우스 오른쪽 버튼을 클릭하면 블록을 복사하거나 삭제할 수 있습니다. 같은 오브젝트 내에서 코드를 복사하고 싶을 때 '코드 복사 & 붙여넣기'를 사용하고, 다른 오브젝트에 복사하고 싶을 때는 '코드 복사'를 한 후 다른 오브젝트의 블록 조립소에서 '붙여넣기'를 합니다. '코드 삭제'는 하나의 블록을 삭제할 수 있습니다.

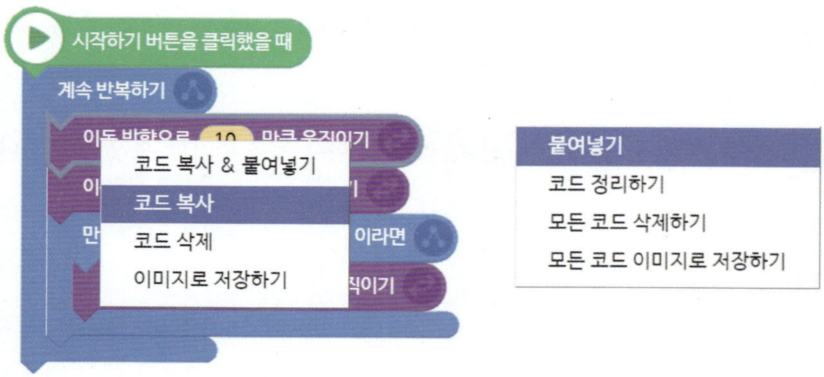

그림 1-13 코드 복사와 삭제

블록 조립소의 빈 공간에서 마우스 오른쪽 버튼을 클릭하면 코드를 붙여넣거나, 정리할 수 있습니다. 또한 해당 블록 조립소에 조립된 모든 코드를 삭제할 수 있습니다. '이미지로 저장하기'나 '모든 코드 이미지로 저장하기'를 선택하면 현재 작성한 코드 블록의 이미지를 png 포맷 형태로 저장할 수 있습니다.

좌표

실행화면은 좌표를 가지고 있습니다. 가장 중앙의 좌표값을 x=0, y=0으로 하여 x축 방향은 −240~240, y축 방향은 −135~135로 이루어져 있습니다. 모눈종이 버튼을 클릭하면 실행화면의 좌표를 볼 수 있으며, 모눈종이의 한 칸은 '20'입니다. 실행화면 위에 마우스를 가져가면 상단에 마우스포인터의 좌표가 나타나며, 각 오브젝트의 정보에서 오브젝트의 중심점의 좌표를 확인할 수 있습니다.

그림 1-14 실행화면의 좌표

CHAPTER

02

엔트리 활용

2.1 입력과 출력

컴퓨터로 자료를 처리하기 위해서는 값을 키보드나 마우스로 입력하고, 입력된 자료는 컴퓨터 내부에서 계산, 판단 등의 처리를 하여 처리된 결과를 모니터나 프린터로 출력합니다.

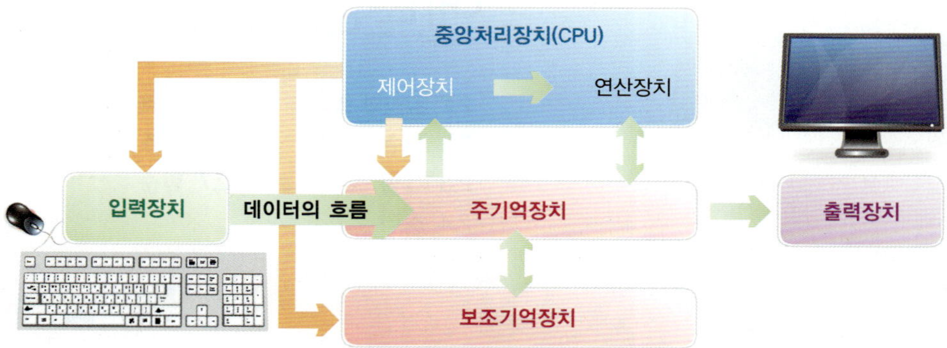

그림 2-1 컴퓨터의 주요 장치들

엔트리에서도 위와 같이 각각 입력과 출력의 역할을 하는 블록이 있습니다.

<table>
<tr><td>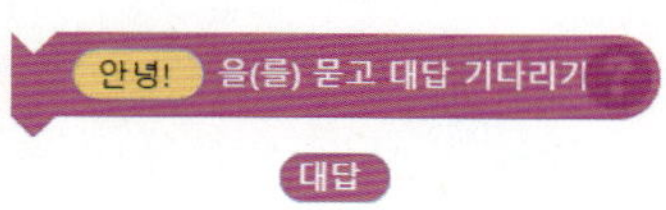
</td><td>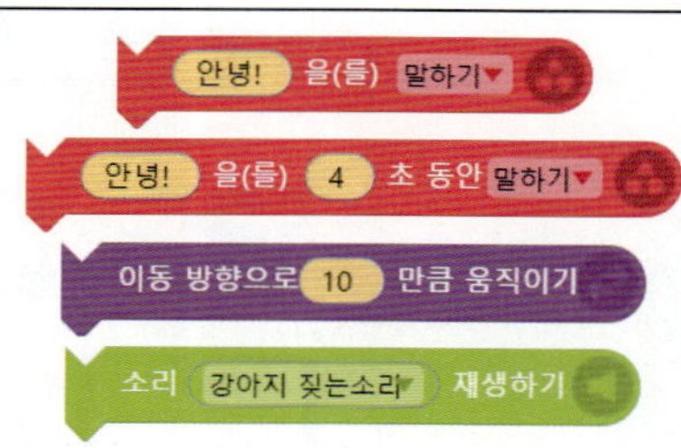
</td></tr>
<tr><td>〈입력의 예〉</td><td>〈출력의 예〉</td></tr>
</table>

〈실습하기〉

자, 그러면 나이에 관한 간단한 예제를 살펴보도록 합시다.

"학생의 이름은?" 하고 선생님이 물어보면 하단의 입력창에 이름을 입력합니다. 입력한 이름을 학생이 말하는 프로그램으로 작성해 봅시다.

먼저 엔트리봇 오브젝트를 삭제하고, 선생님(1)과 안경쓴 학생(2) 오브젝트를 추가하여 아래의 그림과 같이 서로 좌우에 배치해 봅시다.

그림 2-2 선생님(1)과 안경쓴 학생(2) 오브젝트

〈선생님 오브젝트〉

① [시작] – 시작하기 버튼을 클릭했을 때 와 [자료] – 안녕! 을(를) 묻고 대답 기다리기 블록을 결합하고, '안녕!'을 '학생의 이름은?'이라고 수정합니다.

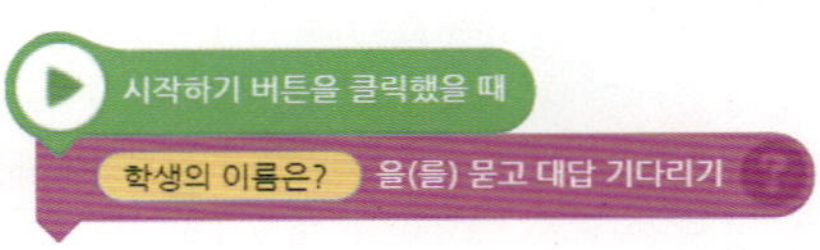

〈학생 오브젝트〉

① [시작] – [q 키를 눌렀을 때] 블록을 배치하고 'q' 위치를 마우스로 클릭 후 엔터키를 눌러 [엔터 키를 눌렀을 때] 블록과 같이 수정합니다.

② [자료] – [대답], [계산] – [(안녕!) 과(와) (엔트리) 를 합치기] 블록을 가져와서 [(대답) 과(와) (입니다.) 를 합치기] 블록처럼 수정합니다.

③ 위에서 만든 블록을 [생김새] – [(안녕!) 을(를) (4) 초 동안 말하기▼] 블록과 결합하여 다음과 같이 배치합니다.

```
엔터 키를 눌렀을 때
    (대답) 과(와) (입니다.) 를 합치기 을(를) (4) 초 동안 말하기▼
```

〈완성된 코드〉

시작하기 버튼을 클릭했을 때 (학생의 이름은?) 을(를) 묻고 대답 기다리기	엔터 키를 눌렀을 때 (대답) 과(와) (입니다.) 를 합치기 을(를) (4) 초 동안 말하기▼
〈선생님 오브젝트〉	〈학생 오브젝트〉

시작하기(▶)를 클릭하여 결과를 확인합니다.

그림 2-3 오브젝트 결과 확인

2.2 상수와 변수

프로그램을 작성하다보면 사용자가 지정한 변하지 않는 값이 있습니다. 이 값을 **상수**라고 합니다. 때로는 상수를 계산하거나 프로그램 실행 중간에 계산된 값들을 컴퓨터 내에서 기억해야 합니다. 이때 필요한 기억공간을 **변수**라고 합니다.

일반적으로 상수는 변하지 않는 값을 말합니다. 여기에는 숫자(0, 1, 2, ...)도 있고, 문자(a, b, ...)와 문자열(apple, 과학, ...)도 있습니다. 변수는 '값을 기억하기 위한 공간'이라고 합니다. 쉽게 표현하면, 어떤 물건을 담아놓는 상자라고 생각하면 됩니다. 그 상자에 숫자도 담을 수 있고, 문자나 문자열 혹은 다른 변수의 값도 담아놓을 수 있습니다.

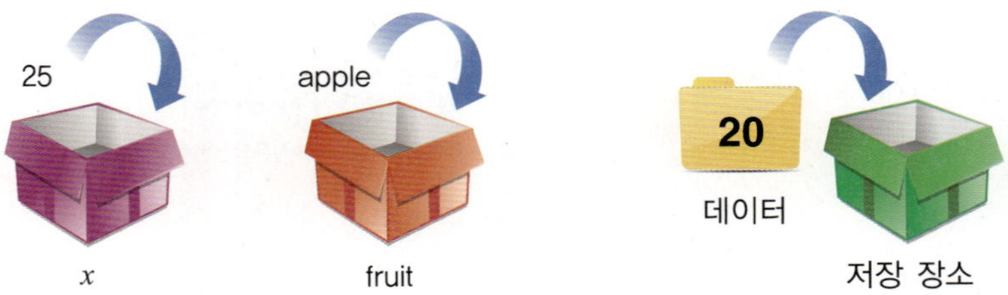

그림 2-4 변수와 상자

사물함을 생각해 봅시다. 사물함에 개별 이름이 없다면 사물함에 어떤 물건이 들었는지 알 수 없습니다. 그래서 사물함에 고유한 이름을 붙여놓습니다. 예를 들어 A01번 사물함에 사과를 넣었다고 생각해 봅시다. A01번 사물함 안에 무엇이 들어 있을까요? 사과가 들어 있습니다. 여기서 변수와 상수를 말해보면, 사물함 이름을 말하는 A01은 기억장소를 나타내는 변수의 이름이고, 사물함에 보관된 사과는 상수가 됩니다. 수학적으로 'A01 = 사과'라고 생각하면 됩니다.

변수는 이름을 정한 후 숫자, 문자, 문자열 등의 값을 저장할 수 있습니다. 문자와 문자열의 구분은 다음과 같습니다. 알파벳 한 글자(e, k, g, ...)는 문자이며, 알파벳이 모여서 한 단어(fox, happy, ...)를 구성하면 문자열이라고 합니다.

엔트리에서 변수를 만들려면 [**블록**] – [**자료**]의 변수 만들기나 [**속성**] – [**변수**]의 변수 추가를 사용합니다. 상수는 별도로 만들지 않으며 특정 블록에 직접 값을 키보드로 입력합니다.

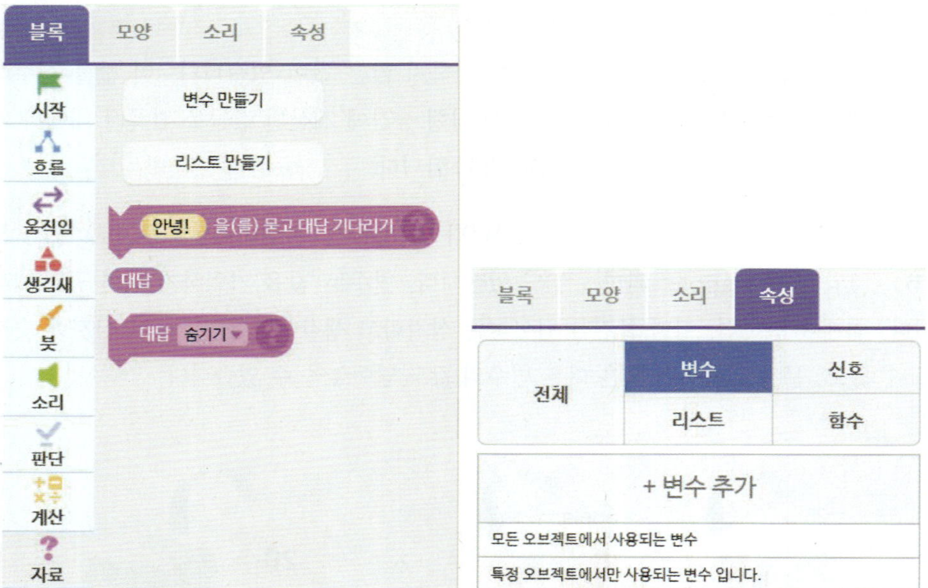

그림 2-5 **블록과 속성**

실습 1

삼각형의 밑변과 높이를 입력하면 넓이를 구하는 프로그램을 작성해 봅시다.

- 필요한 오브젝트: 선생님(2), 칠판
- 필요한 변수: 밑변, 높이, 넓이

〈화면구성〉

그림 2-6 실습 1 화면구성

〈설명〉

삼각형 넓이를 구하는 프로그램은 3개의 변수를 사용하여 각 변수들의 계산 값을 넓이 변수에 저장하여 선생님이 말하면 됩니다. **[블록]** – **[자료]**의 변수 만들기에서 3개의 변수를 만듭니다. 변수의 이름은 밑변, 높이, 넓이입니다.

① 밑변의 길이를 묻고 대답을 밑변 변수에 저장합니다.
② 높이의 길이를 묻고 대답을 높이 변수에 저장합니다.
③ 밑변 × 높이 / 2를 계산하고 계산한 결과를 넓이 변수에 저장합니다.
④ 최종 삼각형의 넓이를 말합니다.

〈완성된 코드〉

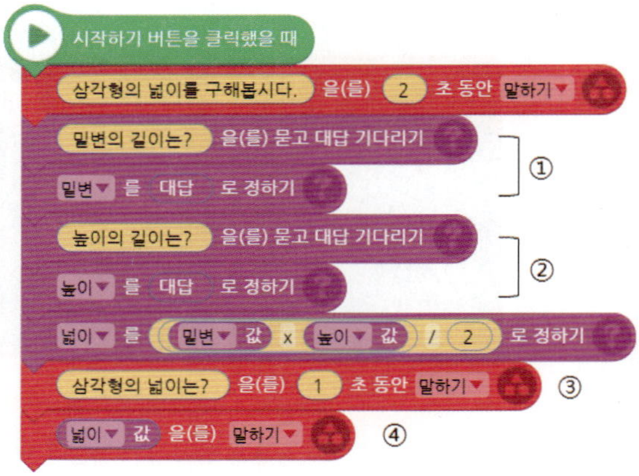

잠깐만 ※ 삼각형 넓이 구하는 공식 = 밑변 × 높이 × $\frac{1}{2}$

실습 2

엔트리봇이 주사위를 던질 때마다 무작위 값을 말하는 프로그램을 만들어 봅시다.

〈화면구성〉

그림 2-7 실습 2 화면구성

〈설명〉

주사위를 던졌을 때 값을 저장할 수 있는 '결과' 변수를 만들어 줍니다. 이 '결과' 변수는 1에서 6사이의 무작위 숫자가 기억됩니다.

① [시작] – [시작하기 버튼을 클릭했을 때] 블록을 가져옵니다.

② 무작위 수를 만들기 위해서 [계산] – [0 부터 10 사이의 무작위 수] 블록과 [자료] – [결과▼ 를 10 로 정하기] 블록을 서로 결합하여 주사위를 던졌을 때 나올 수 있는 숫자의 범위인 '1'부터 '6'사이의 무작위 수로 수정합니다.

③ [생김새] – [안녕! 을(를) 4 초 동안 말하기▼] 블록과 [자료] – [결과▼ 값] 블록을 서로 결합하여 '결과'를 '1'초 동안으로 수정합니다.

〈완성된 코드〉

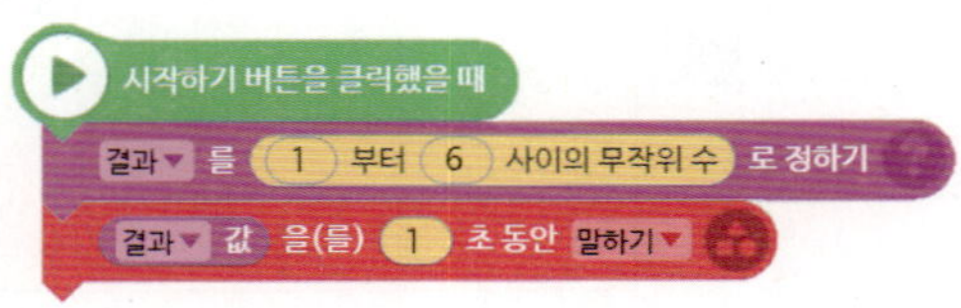

> **잠깐만**
>
> 무작위 수: **랜덤**(random)이라고도 표현하고, 수학에서는 **난수**라는 뜻으로 사용합니다. 난수는 특정 범위 내에서의 숫자를 무작위로 뽑아낸 숫자를 말합니다.
> 엔트리에서는 [블록] – [계산]의 [0 부터 10 사이의 무작위 수]를 활용합니다. 만약 10에서 20 사이에서 무작위로 숫자를 뽑아내려면 [10 부터 20 사이의 무작위 수] 라고 표현합니다.

2.3 그 림

엔트리에서 그림을 그리기 위해서는 [붓]에 있는 블록들을 사용합니다. 주로 붓을 이용하여 그림을 그리고, 색깔과 두께, 투명도 등을 조절할 수 있습니다. [붓] 안의 블록들은 붓과 관련된 블록들이지만 특이하게 [도장찍기] 블록이 있습니다. 이 블록은 오브젝트의 모양을 복사해서 똑같은 모양을 보여줍니다. 예를 들어 [그림 2-8]의 코드 블록과 실행 결과 화면을 보겠습니다. 작성한 코드 블록에서 시작하기 버튼을 클릭하면 엔트리봇 오브젝트를 복사하여 도장을 한 번 찍고, 정면의 이동 방향으로 100만큼 움직입니다. 즉, 도장찍기 블록은 자신의 오브젝트를 미리 복사해서 현 위치에 그대로 찍어놓습니다. 만약 이동 방향 관련 블록이 없다면, 결과를 알 수 없습니다. 회전이나 반복 관련 블록을 사용하면 다양한 모양을 만들 수도 있습니다.

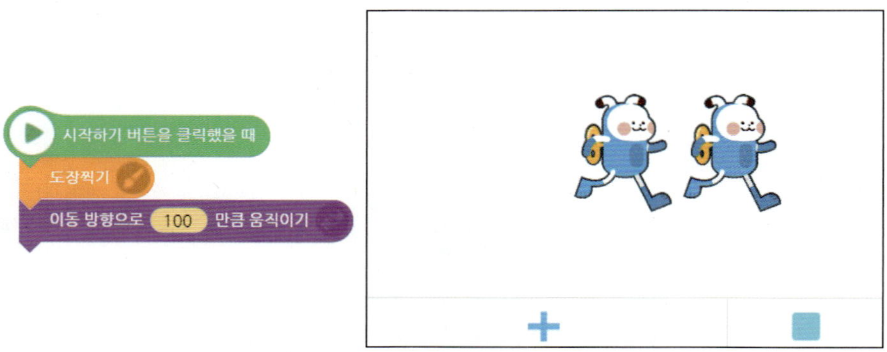

그림 2-8 코드 블록과 실행 결과 화면

블 록	설 명
도장찍기	오브젝트의 모양을 도장처럼 실행화면 위에 찍습니다.
그리기 시작하기	오브젝트가 이동하는 경로를 따라 선이 그려지기 시작합니다(오브젝트의 중심점이 기준).
그리기 멈추기	오브젝트가 선을 그리는 것을 멈춥니다.

블 록	설 명
붓의 색을 ■ (으)로 정하기	오브젝트가 그리는 선의 색을 선택한 색으로 정합니다.
붓의 색을 무작위로 정하기	오브젝트가 그리는 선의 색을 무작위로 정합니다.
붓의 굵기를 1 만큼 바꾸기	오브젝트가 그리는 선의 굵기를 입력한 값만큼 바꿉니다(1~무한의 범위, 1이하는 1로 처리).
붓의 굵기를 1 (으)로 정하기	오브젝트가 그리는 선의 굵기를 입력한 값으로 정합니다(1~무한의 범위, 1이하는 1로 처리).
붓의 투명도를 10 % 만큼 바꾸기	해당 오브젝트가 그리는 붓의 투명도를 입력한 값만큼 바꿉니다(0~100의 범위, 0이하는 0, 100이상은 100으로 처리).
붓의 투명도를 50 % 로 정하기	해당 오브젝트가 그리는 붓의 투명도를 입력한 값으로 정합니다(0~100의 범위, 0이하는 0, 100이상은 100으로 처리).
모든 붓 지우기	해당 오브젝트가 그린 선과 도장을 모두 지웁니다.

실습 1

연필 오브젝트를 이용하여 사각형을 그리는 프로그램을 만들어 봅시다.

〈화면구성〉

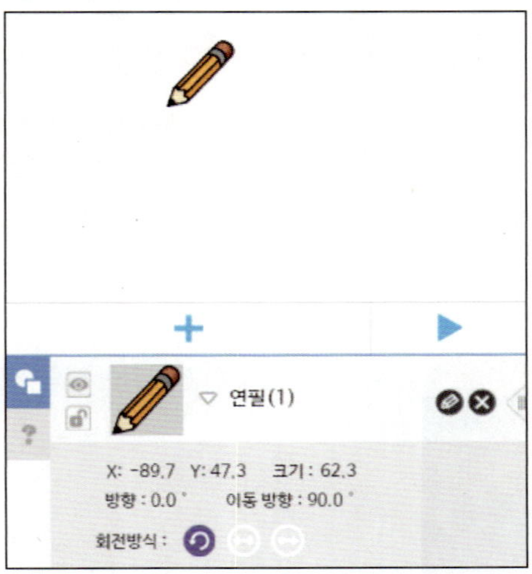

그림 2-9 실습 1 화면구성

〈설명〉

먼저 프로그램을 만들기 전에 엔트리봇 오브젝트를 삭제합니다. 그런 후 오브젝트 추가하기를 클릭하여 '연필' 이라는 키워드로 오브젝트 검색을 합니다. 검색 후 나온 오브젝트 중에서 2번째 연필(1)을 선택하고 적용하기를 클릭합니다.

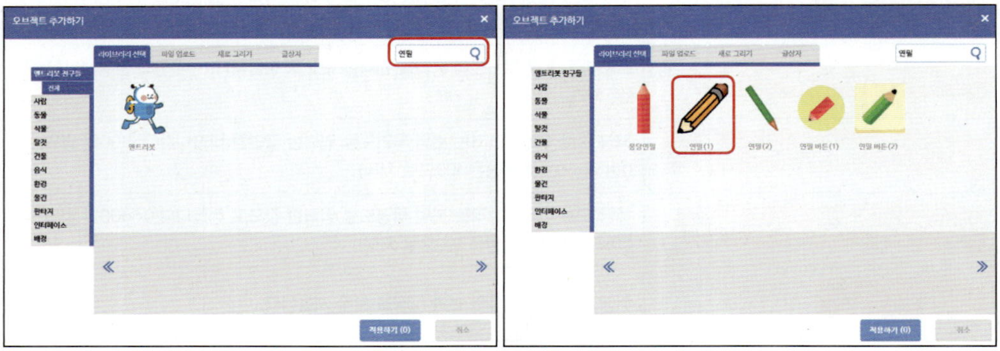

그림 2–10 오브젝트 추가하기

사각형을 그리는 코드를 보면 여러 개의 블록들이 반복되는 것을 알 수 있습니다. 한 변만 그리는 과정을 4번 반복하면 코드가 완성됩니다.

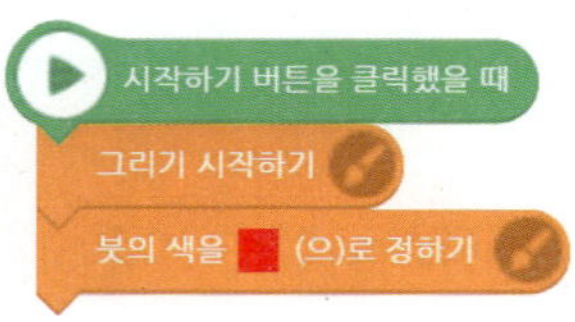

① 먼저 [시작] – 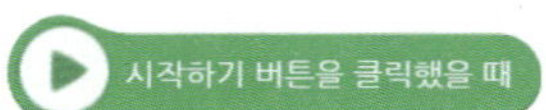 블록과 [붓] –  블록을 가져와서 결합합니다.

② [붓] –  블록을 가져와서 다음과 같이 결합합니다. 이 블록은 그리는 붓의 다양한 색을 설정할 수 있습니다.

잠깐만

색 부분을 클릭하면 다양한 붓의 색을 설정할 수 있습니다.

③ 여기에서는 3개의 블록을 결합합니다. [움직임] – 이동 방향으로 10 만큼 움직이기 블록과 방향을 90° 만큼 회전하기 블록, [흐름] – 2 초 기다리기 블록을 가져와 결합한 후 다음과 같이 이동 방향으로 '80', 2초에서 '0.5'초로 수정합니다. 사실 2 초 기다리기 블록은 없어도 상관없지만 그리는 과정을 보기 위하여 추가하였습니다.

④ 위에서 만든

블록을 복사하여 3회 붙여 넣습니다.

〈완성된 코드〉

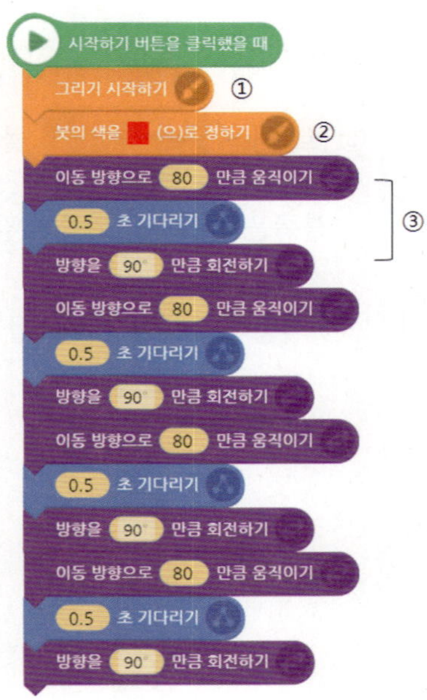

잠깐만 연필로 그림을 그리는 데 연필심과 그리는 위치가 맞지 않아 자연스럽지 않다면, 연필 오브젝트에서 가운데에 위치한 중심점을 아래의 그림과 같이 연필심 위치로 이동하면 됩니다.

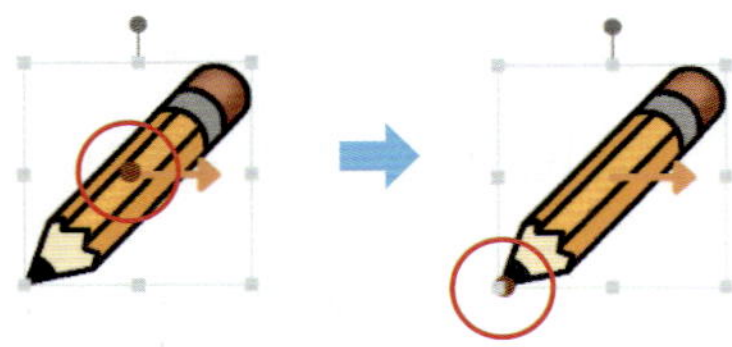

심화학습

앞의 사각형 그리기에서는 동일한 코드 블록들이 반복적으로 사용되는 것을 알 수 있습니다. 이후에 배울 '반복 블록'을 사용하여 반복적인 코드를 간략하게 보겠습니다.

① 먼저 코드 블록의 어느 부분이 반복되는지를 분석해야 합니다. 왼쪽 코드의 경우 80°만큼 움직이기, 0.5초 기다리기, 방향을 90°만큼 회전하기, 이 3개의 코드들이 반복되고 있습니다. 즉, 블록이 반복되는 것을 알 수 있습니다.

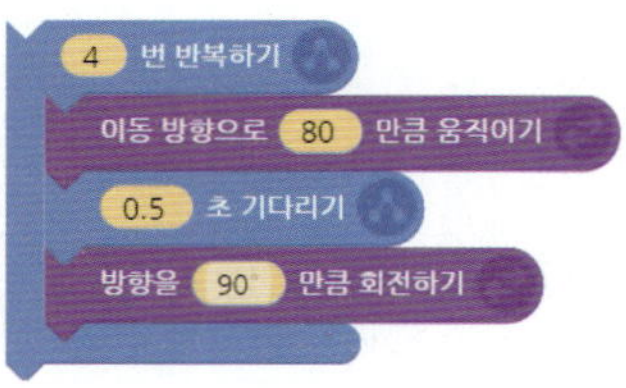

② [흐름] –  블록과  블록을 결합하고 왼쪽과 같이 수정합니다.

③ 최종적으로 반복 구조를 사용하여 사각형을 그리는 코드는 왼쪽과 같습니다.

실습 2

연필 오브젝트가 오각형을 그리는 프로그램을 만들어 봅시다. 화면구성은 사각형을 그리는 화면과 같습니다.

〈설명〉

사각형을 그리는 코드를 작성해 봤다면 오각형을 그리는 코드도 쉽습니다. 오각형을 그리는 코드를 생각해보면 한 변을 그리는 여러 개의 블록들이 5번 반복되어야 한다는 것을 알 수 있을 것입니다. 다시말해 각 변을 펜으로 그리는 과정을 5번 반복하면 오각형이 그려질 것입니다.

① 먼저 [시작] – [시작하기 버튼을 클릭했을 때] 블록과 [붓] – [그리기 시작하기] 블록을 가져와서 결합합니다.

② [붓] – [붓의 색을 ■ (으)로 정하기] 블록을 가져와서 결합합니다. 이 블록은 그리는 붓의 다양한 색을 설정할 수 있습니다.

③ 이번에는 3개의 블록을 결합합니다. [움직임] – [이동 방향으로 10 만큼 움직이기] 블록과 [방향을 90° 만큼 회전하기] 블록, [흐름] – [2 초 기다리기] 블록을 가져와 결합한 후 이동 방향으로 '80', 2초에서 '0.1'초로 수정합니다.

> **TIP** 방향을 72° 회전한 이유는 오각형 하나의 내각이 72°이기 때문이며 5개 내각의 합을 구하면 360°가 됩니다.

④ 위에서 만든 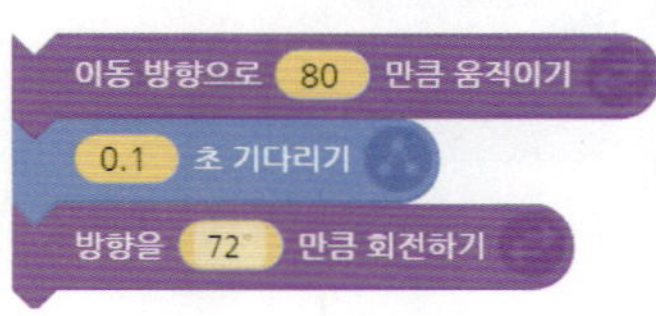

블록을 복사하여 4회 붙여 넣습니다.

〈완성된 코드〉

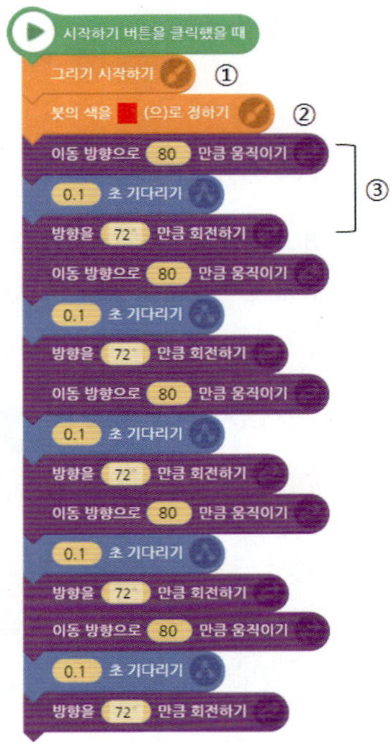

※ 앞의 사각형 그리기를 반복 구조로 작성한 것처럼 오각형 그리기도 반복 블록을 사용하여 작성해 보세요.

(정답)

2.4 소 리

우리가 만드는 프로그램에서 가장 흥미로운 부분이 바로 소리 관련입니다. 재밌는 액션 영화에서 소리가 나오지 않는다면 매우 지루할 것입니다. 기본적으로 엔트리에서 소리를 사용하기 위해서는 해당 소리 파일을 불러와야 합니다. 불러온 소리 파일은 각 블록 안의 세모 버튼을 눌러 원하는 소리를 선택하여 사용할 수 있습니다.

다음은 엔트리의 소리에 관한 블록들입니다. 다음과 같은 블록들의 소리를 들으려면 스피커나 이어폰이 연결되어 있어야 합니다.

블 록	설 명
소리 (강아지 짖는소리▾) 재생하기	해당 오브젝트가 선택한 소리를 재생하는 동시에 다음 블록을 실행합니다.
소리 (강아지 짖는소리▾) (1) 초 재생하기	해당 오브젝트가 선택한 소리를 입력한 시간만큼만 재생하는 동시에 다음 블록을 실행합니다.
소리 (강아지 짖는소리▾) (1) 초 부터 (10) 초까지 재생하기	해당 오브젝트가 선택한 소리를 입력한 시간 부분만을 재생하는 동시에 다음 블록을 실행합니다.
소리 (강아지 짖는소리▾) 재생하고 기다리기	해당 오브젝트가 선택한 소리를 재생하고, 소리 재생이 끝나면 다음 블록을 실행합니다.
소리 (강아지 짖는소리▾) (1) 초 재생하고 기다리기	해당 오브젝트가 선택한 소리를 입력한 시간만큼만 재생하고, 소리 재생이 끝나면 다음 블록을 실행합니다.
소리 (강아지 짖는소리▾) (1) 초 부터 (10) 초까지 재생하고 기다리기	해당 오브젝트가 선택한 소리를 입력한 시간 부분만을 재생하고, 소리 재생이 끝나면 다음 블록을 실행합니다.
소리 크기를 (10) % 만큼 바꾸기	작품에서 재생되는 모든 소리의 크기를 입력한 퍼센트만큼 바꿉니다.
소리 크기를 (10) % 로 정하기	작품에서 재생되는 모든 소리의 크기를 입력한 퍼센트로 정합니다.
모든 소리 멈추기	현재 재생 중인 모든 소리를 멈춥니다.

실습 1

8개의 음계로 이루어진 전자 피아노를 제작해 봅시다. 피아노의 각 음계는 키보드의 특정 버튼에 할당하고 키보드를 누르면 음계가 재생되도록 만들어 봅시다.

키보드 버튼을 사용한 각각의 음계는 다음과 같이 매칭합니다.

키보드 버튼	1	2	3	4	5	6	7	8
계이름	도	레	미	파	솔	라	시	도

〈화면구성〉

그림 2-11 실습 1 화면구성

〈설명〉

[오브젝트 추가]를 클릭하고 '피아노' 키워드로 검색하여 나오는 피아노와 피아노 건반을 '적용하기'를 눌러서 추가합니다.

피아노 오브젝트를 화면에 배치시키고, 피아노 건반을 눌렀을 때 건반을 인식하는 부분을 만들어 보겠습니다. 추가한 피아노 건반 오브젝트 위에서 마우스 오른쪽을 클릭하여 복제를 클릭합니다. 이 과정을 계속하여 8개의 계이름이 되도록 실행합니다. 각 오브젝트의 이름을 '낮은도', '레', '미', '파', '솔', '라', '시', '높은도'라고 수정합니다.

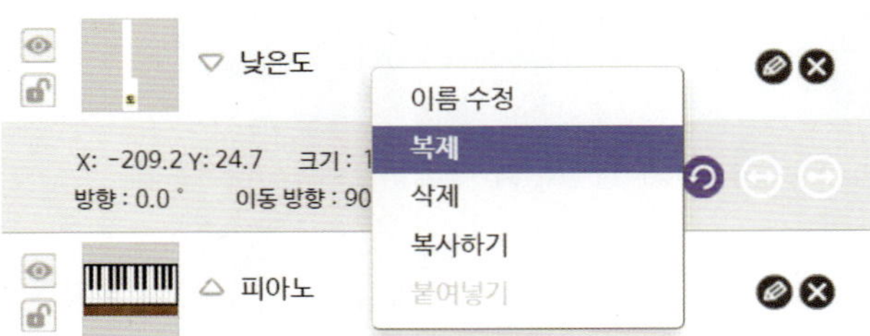

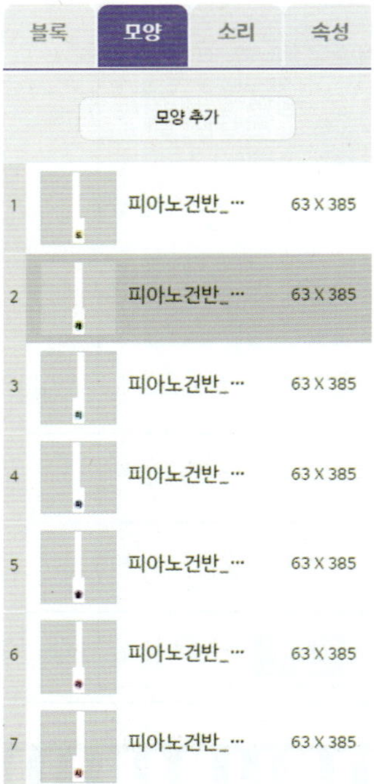

[모양] 부분에서 각 건반에 맞는 음계의 모양으로 변경합니다. 모두 8개의 계이름이므로 8번을 작업하면 됩니다. 예를 들어 '레'의 경우는 [모양] – '피아노 건반_레'에 맞는 모양으로 선택해 줍니다.

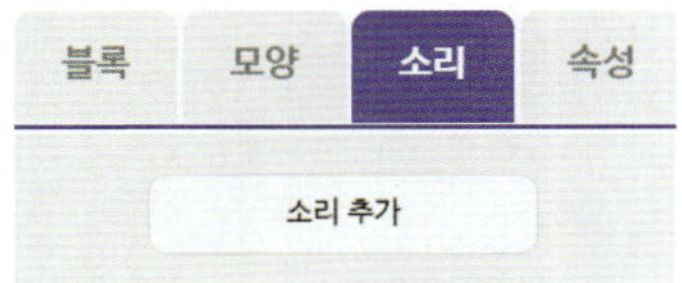

이번에는 각 음계에 맞는 소리를 재생하기 위해서 소리를 추가해 보겠습니다. '도'에 해당하는 소리를 추가하기 위해서 [소리] – 소리 추가 버튼을 클릭하고, [악기] – [피아노]에서 '피아노_04도'를 [그림 2-12]와 같이 선택하여 추가합니다.

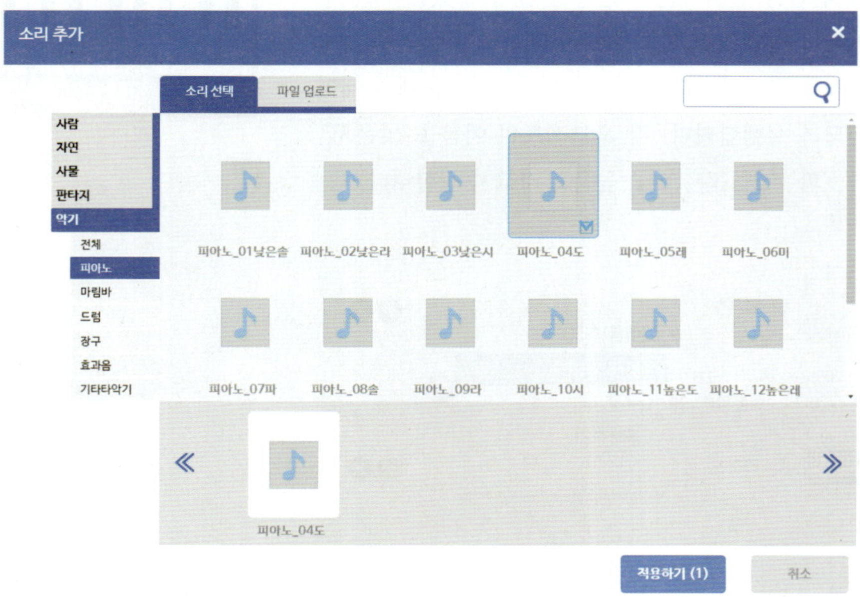

그림 2-12 '피아노_04' 추가하기

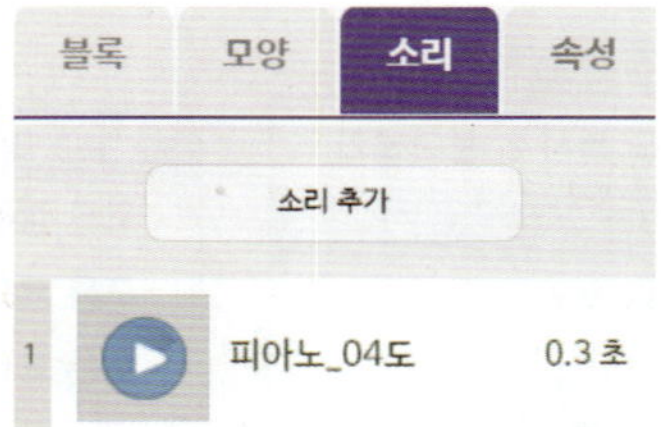

나머지 계이름 오브젝트에도 앞에서 한 과정처럼 각각 '피아노_05레'에서 '피아노_11높은도' 까지 소리 추가를 합니다.

이제는 코드를 살펴보도록 하겠습니다. 다음은 '낮은도' 오브젝트의 코드입니다.

① [시작] –  블록을 배치합니다.

② [생김새] –  블록을 배치합니다.

③ [소리] –  블록을 배치하고 '피아노_04도'로 수정합니다. 코드를 실행했을 때 계이름 도의 소리를 재생하게 됩니다.

④ [흐름] –  블록을 배치하고 2초를 '0.2'초로 수정합니다. 0.2초 동안 순간적으로 색깔 효과가 지속되고 바로 없어집니다.

⑤ [생김새] –  블록을 붙여 넣습니다. 효과 모두 지우기 블록은 앞에서 준 색깔 효과를 처음상태로 돌리는 기능을 합니다.

계이름 오브젝트에 해당하는 코드는 모두 동일합니다. 다른 점이 있다면 계이름에 연결된 소리 파일만 바꿔주면 됩니다. 코드 위에서 마우스 오른쪽을 클릭하여 코드 복사를 클릭하고, 새로운 계이름 오브젝트에서 마우스 오른쪽을 클릭하여 붙여넣기를 합니다. 그런 후 소리 블록에 연결된 소리 파일 선택을 바꾸어 줍니다.

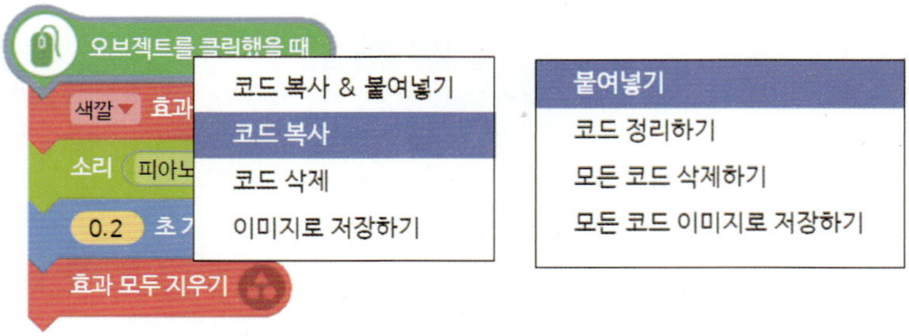

〈완성된 코드〉

오브젝트 이름	코 드	오브젝트 이름	코 드
△ 낮은도	오브젝트를 클릭했을 때 색깔▼ 효과를 10 만큼 주기 소리 피아노_04도▼ 재생하기 0.2 초 기다리기 효과 모두 지우기	△ 레	오브젝트를 클릭했을 때 색깔▼ 효과를 10 만큼 주기 소리 피아노_05레▼ 재생하기 0.2 초 기다리기 효과 모두 지우기
△ 미	오브젝트를 클릭했을 때 색깔▼ 효과를 10 만큼 주기 소리 피아노_06미▼ 재생하기 0.2 초 기다리기 효과 모두 지우기	△ 파	오브젝트를 클릭했을 때 색깔▼ 효과를 10 만큼 주기 소리 피아노_07파▼ 재생하기 0.2 초 기다리기 효과 모두 지우기
△ 솔	오브젝트를 클릭했을 때 색깔▼ 효과를 10 만큼 주기 소리 피아노_08솔▼ 재생하기 0.2 초 기다리기 효과 모두 지우기	△ 라	오브젝트를 클릭했을 때 색깔▼ 효과를 10 만큼 주기 소리 피아노_09라▼ 재생하기 0.2 초 기다리기 효과 모두 지우기

오브젝트 이름	코 드	오브젝트 이름	코 드
△ 시	리스트 숫자들▼ 보이기	△ 높은도	오브젝트를 클릭했을 때 색깔▼ 효과를 10 만큼 주기 소리 피아노_11높은도▼ 재생하기 0.2 초 기다리기 효과 모두 지우기

TIP

[시작] – q 키를 눌렀을 때 블록을 이용하면 마우스로 클릭하지 않고 컴퓨터 키보드로 피아노를 연주할 수 있습니다.

2.5 신호

엔트리 블록 중에는 '신호 보내기', '신호를 받았을 때' 등의 블록들이 있습니다. 여기에서 신호는 어떤 역할을 하는 것일까요? 만약 '신호 보내기'가 없다면 모든 블록을 하나의 블록에만 계속 붙여야 하기 때문에 코드의 길이가 매우 길어집니다. 또한, 작성한 코드의 길이가 길기 때문에 다른 사람이 작성된 코드를 이해하기 어렵습니다.

[그림 2-13]은 예시는 신호에 관련된 코드입니다. 왼쪽의 〈신호를 사용하지 않은 코드〉를 이해하기 위해서는 전체적으로 살펴보아야 합니다. 반면에 오른쪽의 〈신호를 사용한 코드〉는 신호의 이름만을 봐도 어떤 역할을 하는지 짐작할 수 있습니다.

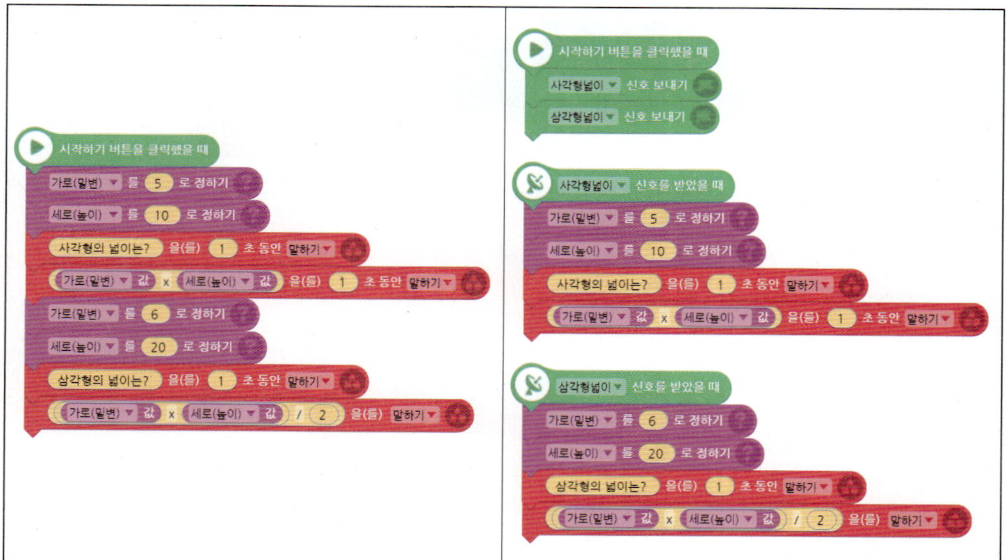

〈신호를 사용하지 않은 코드〉	〈신호를 사용한 코드〉

그림 2-13 신호에 관련된 코드

우리가 작성하는 코드는 다른 사람들이 쉽게 이해할 수 있도록 작성해야 합니다. 다른 프로그래밍 언어에서는 주석(comment)을 작성하여 코드에 대한 설명을 기록합니다. 엔트리에서 신호 기능을 사용하여 프로그램을 나누어서 작성한다면 다른 사람이 코드를 보다 쉽게 이해할 수 있도록 구조화시킬 수 있습니다.

신호를 이용하여 코드를 나누면 특정 역할을 수행하는 코드들이 구분되기 때문에 코드의 가독성이 좋아지게 됩니다.

[그림 2-14]처럼 엔트리봇 오브젝트와 강아지 오브젝트가 있다고 생각해 봅시다. 엔트리봇이 강아지를 손으로 가리키며 신호를 보내면, 강아지는 그 신호를 보고 '멍멍!!'하고 짖습니다.

그림 2-14 엔트리 봇과 강아지 오브젝트

다음은 엔트리에서 사용하는 신호 관련 블록입니다.

블 록	설 명
대상없음 신호를 받았을 때	해당 신호를 받으면 연결된 블록들을 실행합니다.
대상없음 신호 보내기	목록에 선택된 신호를 보냅니다.
대상없음 신호 보내고 기다리기	목록에 선택된 신호를 보내고, 해당 신호를 받는 블록들의 실행이 끝날 때까지 기다립니다.

'빨간색' 신호를 추가하는 방법을 설명하겠습니다. [속성] – [신호]에서 '신호 추가'를 클릭합니다. '신호 1'을 '빨간색'으로 수정합니다.

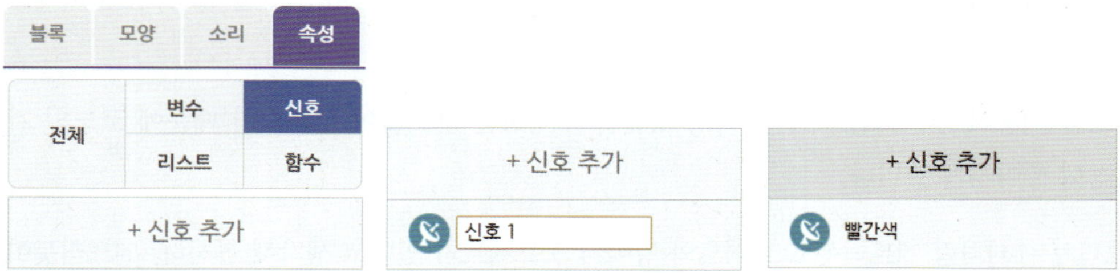

위와 같이 신호가 추가되면 신호와 관련된 블록들에서 '대상없음'을 클릭한 후 추가된 신호의 이름을 선택할 수 있습니다.

실습 1

연필로 그림을 그리는 그림판을 만들어 봅시다. 이 그림판은 3가지 색깔로 그림을 그릴 수 있으며, 모두 지우기 기능이 있습니다. 위에서 배운 신호와 관련된 블록을 사용하여 그림판을 만들어 봅시다.

〈화면구성〉

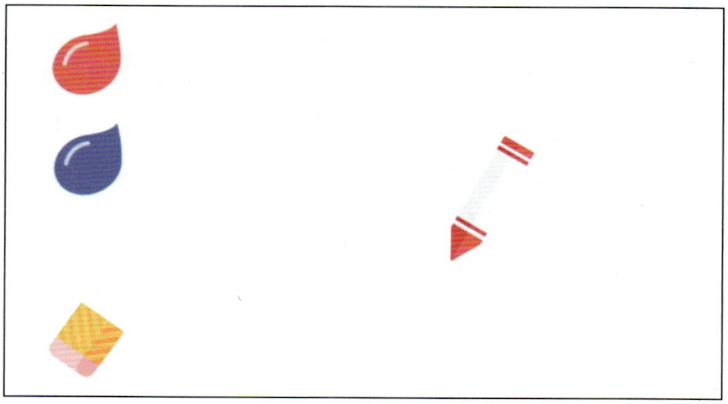

〈알고리즘〉

오브젝트 이름	알고리즘
 ▽ 크레파스	① 크레파스를 회전시키고 크기에 맞게 조절한다. ② 중심점을 크레파스 심 부분으로 이동시킨다. ③ 각 신호에 대한 신호를 받아서 처리한다.
 △ 파란색물감	오브젝트를 클릭했을 때, 파란색 신호보내기 (크레파스에서는 파란색 신호를 받아서 파란색으로 바꾼다)
 △ 빨간색물감	오브젝트를 클릭했을 때, 빨간색 신호보내기 (크레파스에서는 빨간색 신호를 받아서 빨간색으로 바꾼다)
 △ 지우개	오브젝트를 클릭했을 때, 쓰여진 그림을 모두 지우기

〈설명〉

① 먼저 [속성] – [신호]에서 신호를 3개 만듭니다. 신호의 이름은 각각 '빨간색', '파란색', '모두지우기'입니다.

② [오브젝트 추가하기]에서 '물감'이라고 검색하여 나오는 오브젝트를 추가합니다.

물감 오브젝트를 1개 복제하여 각각의 이름을 '빨간색물감', '파란색물감'이라는 오브젝트 이름으로 변경합니다.

③ 크레파스 오브젝트도 추가하여 '210도'가 되도록 회전시킵니다. 중심점을 이동시키지 않으면 크레파스 중간에서 그림이 그려지므로 중심점을 크레파스 심 부분으로 이동시킵니다.

④ 지우개 오브젝트도 추가하여 왼쪽 하단에 위치하도록 이동시킵니다. 물론 크기는 화면에 맞게 적당히 줄여주세요.

⑤ 빨간색물감, 파란색물감, 지우개 오브젝트에 각각 [시작] – 오브젝트를 클릭했을 때, 빨간색▼ 신호 보내기 블록을 가져와서 다음과 같이 결합합니다.

⑥ 크레파스 오브젝트의 경우에는 시작하기 버튼을 눌렀을 때 마우스포인터의 위치에 크레파스가 위치하도록 [시작] – 시작하기 버튼을 클릭했을 때, [흐름] – 계속 반복하기, [움직임] – 마우스포인터▼ 위치로 이동하기 블록을 추가하여 다음과 같이 결합합니다.

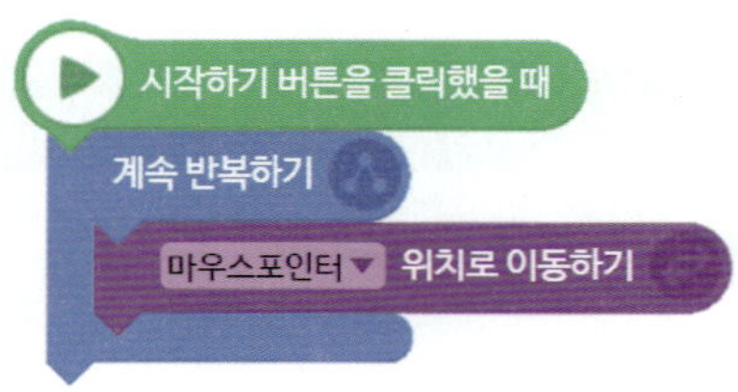

⑦ 빨간색, 파란색, 모두지우기 신호를 받았을 때 그에 따른 명령을 실행하도록 블록을 만듭니다. [시작] – 빨간색▼ 신호를 받았을 때, [붓] – 붓의 색을 (으)로 정하기 블록을 추가하여 다음과 같이 결합합니다.

⑧ 마지막으로 마우스를 클릭하면 그림을 그리고, 클릭을 해제하면 그리기를 멈추는 블록을 추가합니다. [시작] – 마우스를 클릭했을 때, 마우스 클릭을 해제했을 때, [붓] – 그리기 시작하기, 그리기 멈추기 블록을 추가하여 다음과 같이 결합합니다.

〈완성된 코드〉

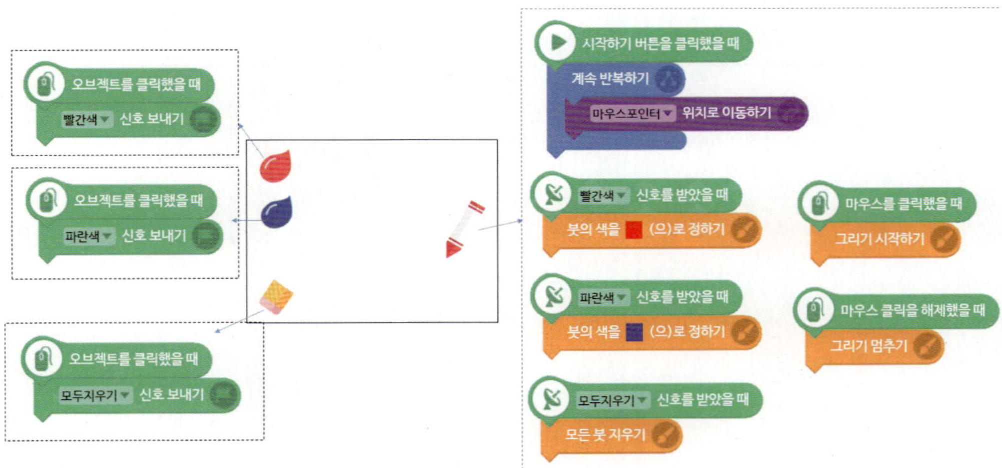

〈결과 화면〉

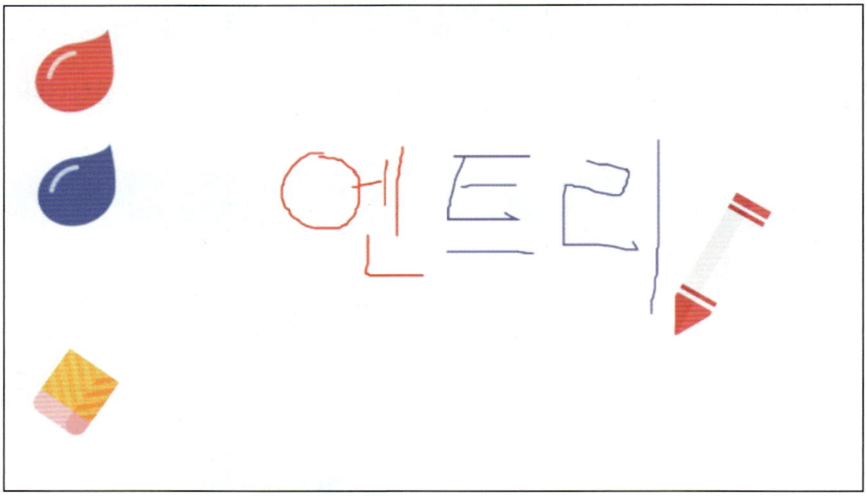

2.6 리스트

하나의 값을 저장하기 위해서는 앞에서 배운 변수를 사용해야 합니다. 만약 여러 개의 값을 사용해야 할 경우가 발생한다면 어떻게 해야 할까요? 이러한 경우에는 리스트(List)를 사용합니다. 리스트는 여러 개의 저장 공간이 필요한 경우 하나만 만들면 여러 개로 사용할 수 있습니다. 저장 공간의 모양이 일렬로 연결되어 있다고 하여 배열(Array)이라고도 부릅니다.

그림 2-15 과일 리스트

다음은 엔트리에서 사용하는 리스트 관련 블록입니다. '숫자들'이라는 이름의 리스트를 만든 후 다음 설명을 참고하세요.

블 록	설 명
숫자들▼ 의 1 번째 항목	선택한 리스트에서 선택한 값의 순서에 있는 항목 값을 의미합니다(내부 블록을 분리하면 순서를 숫자로 입력 가능).
10 항목을 숫자들▼ 에 추가하기	입력한 값이 선택한 리스트의 마지막 항목으로 추가됩니다.
1 번째 항목을 숫자들▼ 에서 삭제하기	선택한 리스트에서 입력한 순서에 있는 항목을 삭제합니다.
10 을(를) 숫자들▼ 의 1 번째에 넣기	선택한 리스트에서 입력한 순서의 위치에 입력할 항목을 넣습니다(입력한 항목의 뒤에 있는 항목들은 순서가 하나씩 밀려남).

블 록	설 명
숫자들▼ 1 번째 항목을 10 (으)로 바꾸기	선택한 리스트에서 입력한 순서에 있는 항목의 값을 입력한 값으로 바꿉니다.
숫자들▼ 항목 수	선택한 리스트가 보유한 항목 개수 값입니다.
숫자들▼ 에 10 이 포함되어 있는가?	선택한 리스트에 입력한 값을 가진 항목이 포함되어 있는지 확인합니다.
리스트 숫자들▼ 보이기	선택한 리스트를 실행화면에 보이게 합니다.
리스트 숫자들▼ 숨기기	선택한 리스트를 실행화면에서 숨깁니다.

실습 1

5개의 숫자를 입력합니다. 입력한 5개의 숫자 중에서 최댓값을 보여주는 프로그램을 만들어 보겠습니다.

〈화면구성〉

〈변수 설명〉

항 목	설 명
최댓값 변수	리스트에 입력되는 숫자 중에서 가장 첫 번째 숫자를 기억하는 변수입니다.
항목 변수	총 5개의 숫자 중에서 리스트의 위치를 나타내는 변수입니다. 두 번째부터 다섯 번째까지 표시합니다.
숫자들 리스트 변수	입력하는 5개의 숫자들을 기억하는 리스트 변수입니다.

〈설명〉

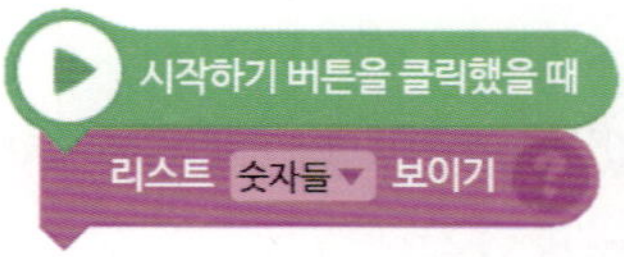

① 제일 먼저 [시작]에서 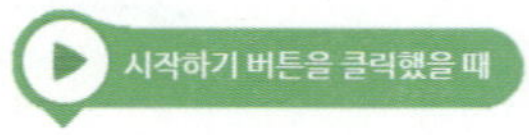 블록을 가져다 블록 조립소에 놓습니다.

② [자료] – [리스트 만들기]를 클릭하여 리스트를 추가합니다. 리스트의 이름은 '숫자들'로 하겠습니다. '숫자들' 리스트가 만들어지면 [자료] 안에는 리스트에 관련된 블록들이 생겨납니다.

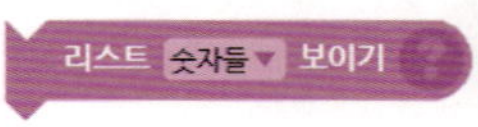 블록을 가져와서 다음과 같이 결합합니다.

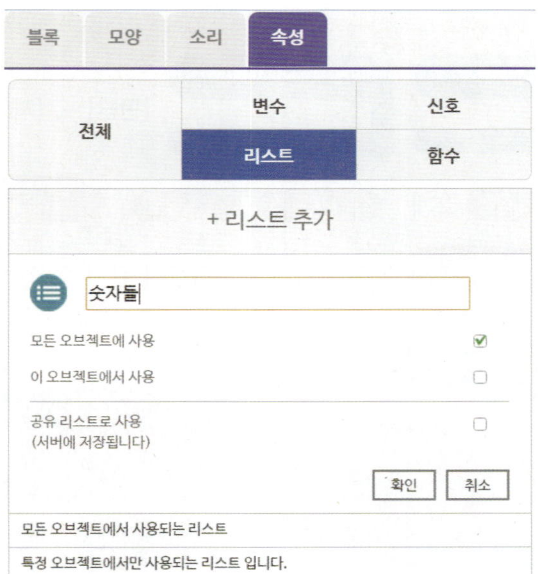

③ [흐름] – 10 번 반복하기, [자료] – 안녕! 을(를) 묻고 대답 기다리기, 10 항목을 숫자들 에 추가하기, 대답 블록을 가져와서 다음과 같이 수정합니다.

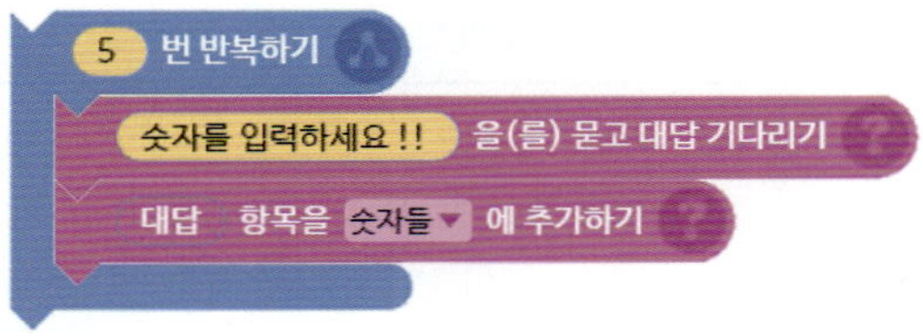

④ [자료]에서 변수 2개를 만듭니다. 각각의 변수 이름은 '최댓값', '항목'입니다. 그런 후 [자료] – 최댓값 를 10 로 정하기 2개, 숫자들 의 1 번째 항목 블록을 가져와서 다음과 같이 수정합니다.

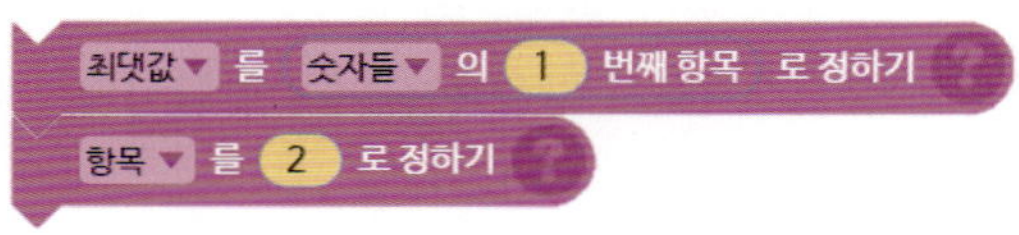

⑤ [흐름] – 10 번 반복하기, 만일 참 이라면, [판단] –, [자료] – 10 〉 10, 숫자들 의 1 번째 항목 2개, 최댓값 값, 항목 값, 최댓값 를 10 로 정하기, 최댓값 에 10 만큼 더하기 블록을 가져와서 다음과 같이 수정합니다.

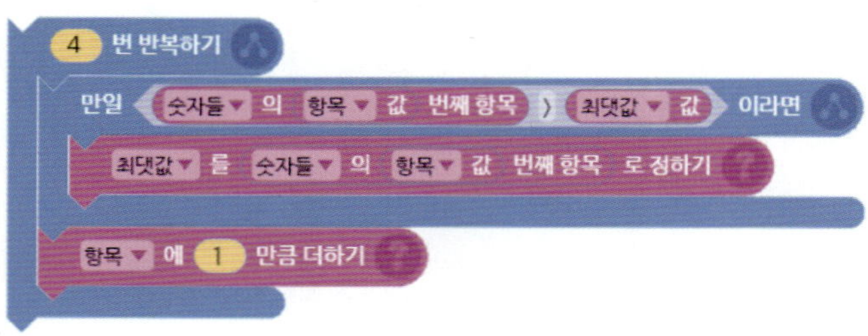

⑥ 최종적으로 최댓값 변수의 값을 말하기 블록을 이용하여 알려줍니다. [자료] – 최댓값▼ 값 , [생김새] – 안녕! 을(를) 말하기▼ , [계산] – 안녕! 과(와) 엔트리 를 합치기 블록을 가져와서 다음과 같이 수정합니다.

〈완성된 코드〉

〈결과 화면〉

엔트리의 연산자

[판단]의 블록들은 마우스 또는 키보드의 상태, 비교 연산자, 논리 연산자 등의 명령어 블록들로 구성되었다.

마우스를 클릭했는가?	10 = 10	10 ≥ 10	참 그리고 참
q 키가 눌러져 있는가?	10 > 10	10 ≤ 10	참 또는 거짓
마우스포인터 에 닿았는가?	10 < 10		참 (이)가 아니다

[계산]의 블록들은 사칙 연산자, 오브젝트의 특성 값, 초시계, 문자열끼리 결합/분해하기 등의 명령어 블록들로 구성되었다.

10 + 10	10 의 제곱	엔트리 의 글자 수
10 - 10	초시계 값	안녕! 과(와) 엔트리 를 합치기
10 x 10	초시계 시작하기	안녕 엔트리! 의 1 번째 글자
10 / 10	초시계 숨기기	안녕 엔트리! 에서 엔트리 의 시작 위치
0 부터 10 사이의 무작위 수	현재 연도	Hello Entry! 의 대문자
마우스 x 좌표	엔트리봇 까지의 거리	
엔트리봇 의 x 좌푯값	강아지 짖는소리 소리의 길이	
소릿값	안녕 엔트리! 의 2 번째 글자부터 5 번째 글자까지의 글자	
10 / 10 의 몫	안녕 엔트리! 의 안녕 을(를) 반가워 로 바꾸기	

2.7 함 수

앞에서 '신호 보내기'를 배웠습니다. 신호는 단순히 명령만 넘겨주고, 실행이 끝나면 다시 실행하는 구조인 반면에 함수(function)는 명령만 넘겨주는 것이 아니라 조건도 같이 넘겨줄 수 있기 때문에 보다 구체적으로 실행이 가능합니다.

예를 들어, 체질량 지수(BMI)를 계산하려면 키, 몸무게에 대한 정보가 필요합니다. 단순히 신호를 사용한다면 '체질량 지수를 계산해 줘' 라고 명령을 내릴 수 있지만, 함수를 사용하면 '키와 몸무게가 얼마이니까 체질량 지수를 계산해 줘'와 같이 구체적으로 명령을 내릴 수 있습니다.

함수라는 용어는 주로 수학 시간에 많이 들어봤을 것입니다. 컴퓨터 프로그래밍 언어에서 함수는 여러 가지의 명령어들을 묶어서 새로운 명령어들의 그룹을 만드는 것입니다.

아래는 [함수] 블록들에 대한 설명입니다.

블 록	설 명
함수 정의하기 함수	자주 쓰는 코드를 이 블록 아래에 조립하여 함수로 만듭니다. **[함수 정의하기]**의 오른쪽 빈칸에 **[이름]**을 조립하여 함수의 이름을 정할 수 있습니다. 함수를 실행하는 데 입력값이 필요한 경우 빈칸에 **[문자/숫자값]**, **[판단값]**을 조립하여 매개 변수로 사용합니다.
이름	'함수 정의하기'의 빈칸 안에 조립하고, 이름을 입력하여 함수의 이름을 정해줍니다.
문자/숫자값	해당 함수를 실행하는 데 문자/숫자값이 필요한 경우 빈칸 안에 조립하여 매개 변수로 사용합니다. 이 블록 내부의 **[문자/숫자값]**을 분리하여 함수의 코드 중 필요한 부분에 넣어 사용합니다.
판단값	해당 함수를 실행하는 데 참 또는 거짓의 판단이 필요한 경우 빈칸 안에 조립하여 매개 변수로 사용합니다. 이 블록 내부의 **[판단값]**을 분리하여 함수의 코드 중 필요한 부분에 넣어 사용합니다.

엔트리에서 함수를 만들기 위해서는 [함수] – '함수 만들기'를 사용합니다. '함수 만들기'를 클릭하면 함수를 만들 수 있는 작성화면이 나타납니다.

그러면 간단한 함수를 만들어 보겠습니다.

함수를 만들려면 먼저 대표적으로 사용하는 함수의 이름을 만들어야 합니다. '인사 후 걷기'라는 이름을 사용해 보겠습니다. 함수에 필요한 코드 블록에는 엔트리봇이 "안녕, 나는 엔트리봇이야"라고 인사를 하는 블록과 엔트리봇이 걸어가는 코드 블록들로 구성합니다.

① [함수] – '함수 만들기'를 클릭한 후 '인사 후 걷기'라는 함수의 이름을 입력합니다.

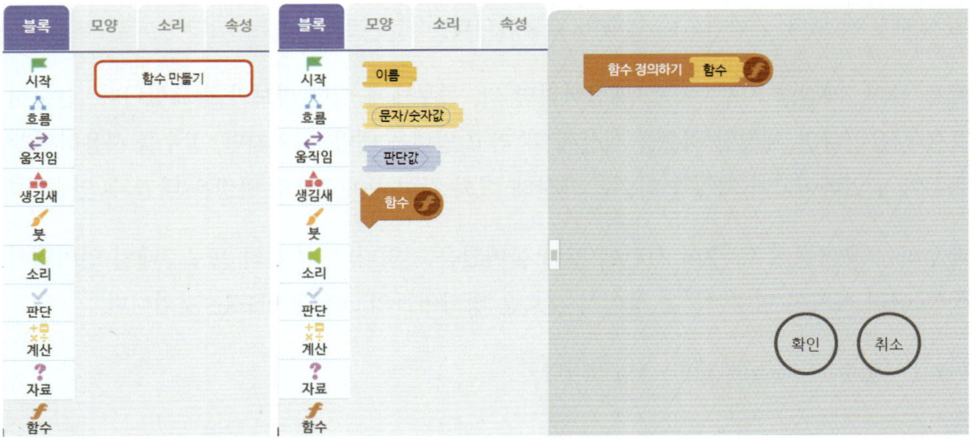

② "안녕, 나는 엔트리봇이야"를 말하는 코드를 작성합니다. [생김새] –

블록을 가져와

블록처럼 수정합니다.

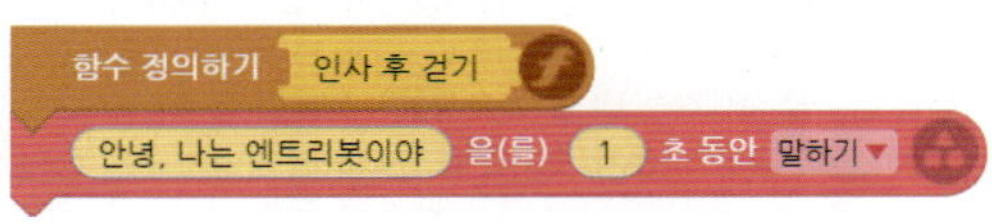

③ 엔트리봇의 걷는 모습을 나타내기 위하여 [흐름] –

,

, [움직임] –

, [생김새] –

블록 2개를 가져와서 다음과 같이 수정합니다. 엔트리봇은 이동 방향으로 10만큼 이동하며 0.5초 간격으로 모양이 바뀌게 됩니다.

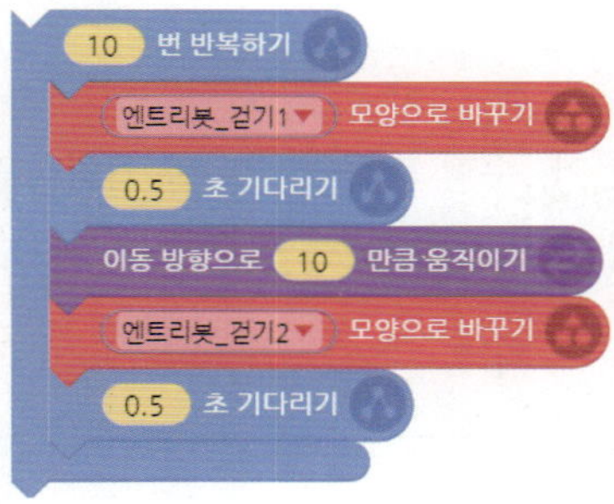

④ 함수 작성을 끝내고 '확인' 버튼을 클릭하면 함수 작성 화면에서 빠져나오게 됩니다. 이전과 다르게 함수 만들기 버튼 아랫부분에 새롭게 작성한 '인사 후 걷기'라는 함수가 생긴 것을 알 수 있습니다.

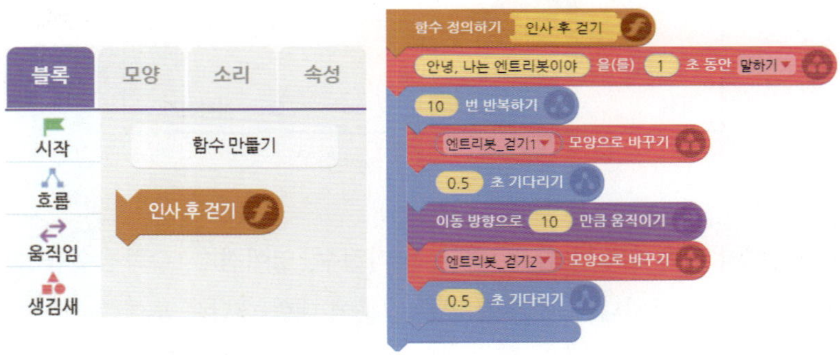

그림 2-17 인사 후 걷기 함수의 블록들

함수 작성이 끝났다면 함수를 사용하는 방법을 알아보도록 하겠습니다.

① [시작] – 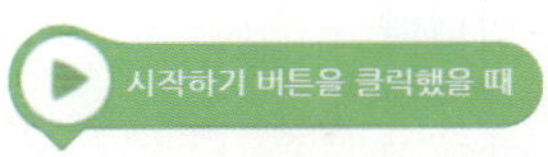 블록을 가져옵니다.

② [함수]에서 미리 작성한  함수 블록을 가져와서 배치합니다.

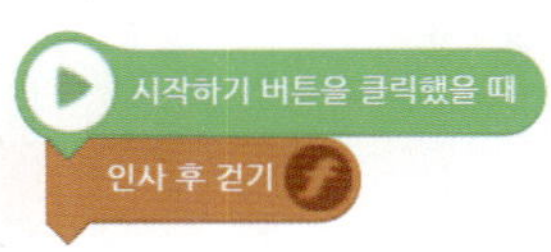

③  블록을 마우스로 더블 클릭하면 함수 내부에 작성한 블록 명령들을 확인할 수 있습니다.

실습 1

함수 기능을 활용하여 국어, 영어, 수학 과목의 점수를 입력하면 평균을 자동으로 계산해 주는 코드를 작성해 봅시다(※ 함수의 [문자/숫자값]을 활용해 봅시다).

〈화면구성〉

〈설명〉

화면구성의 그림에서 왼쪽 위부터 합계, 평균, 국어점수, 영어점수, 수학점수가 보이는데, 이것은 변수에 해당하는 부분입니다. 오른쪽 위는 질문에 대한 대답을 보여줍니다.

함수 만들기

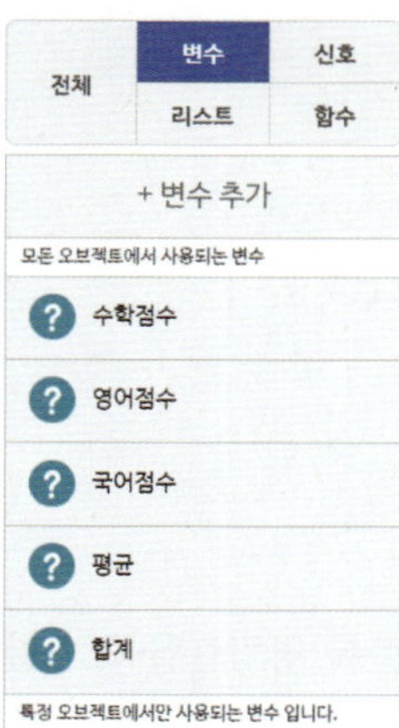

① 먼저 변수 5개를 만듭니다. 변수의 이름은 '합계', '평균', '국어점수', '영어점수', '수학점수'입니다.

② [함수] – [함수 만들기]를 클릭한 후 [함수 정의하기 함수] 블록에서 함수 부분에 함수의 이름으로 '평균구하기'를 입력합니다. 다음에

③ 국어, 영어, 수학 3개의 점수를 함수에게 매개 변수로 전달하면 평균을 구하는 과정을 만들어 보겠습니다. [함수] – [문자/숫자값]

블록을 하나씩, 총 3개를 [함수 정의하기 평균구하기] 블록에 붙이면 자동으로 매개 변수 부분에 1, 2와 같이 숫자가 추가됩니다.

위의 블록에서 평균구하기 함수에 3개의 매개 변수를 지정했는데, 함수를 사용할 때 국어점수는 [문자/숫자값], 영어점수는 [문자/숫자값 1], 수학점수는 [문자/숫자값 2]에 각각 저장된다는 뜻입니다.

> **잠깐만**
> 매개 변수라는 것은 함수에게 값을 전달하는 통로 역할을 하는 변수입니다. 즉, 평균구하기 함수에서 매개 변수가 3개라는 뜻은 국어점수, 영어점수, 수학점수 3개를 함수에 전달하는 통로가 3개라는 것입니다. 함수 내부에서는 전달받은 매개 변수를 사용하여 계산하면 됩니다.

④ [자료] – [합계▼ 를 10 로 정하기], [계산] – [10 + 10] 블록 2개를 가져와서 결합합니다. 함수 정의하기 옆의 [문자/숫자값], [문자/숫자값 1], [문자/숫자값 2] 블록을 가져와 다음과 같이 수정합니다.

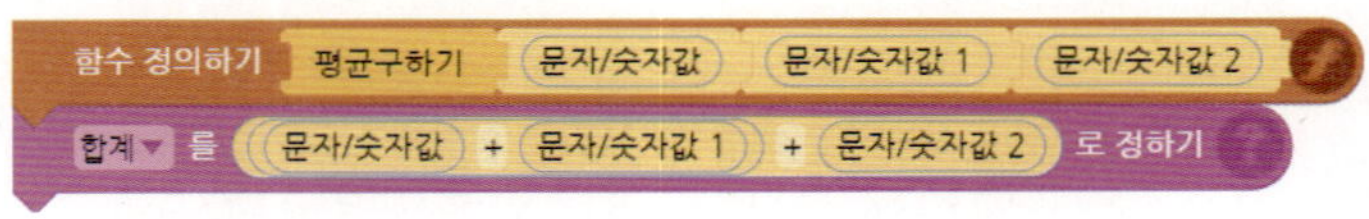

⑤ [자료] – [합계▼ 를 10 로 정하기], [합계▼ 값] 블록과 [계산] – [10 / 10] 블록을 가져와 다음과 같이 수정합니다.

⑥ 마지막으로 계산된 평균은 4초 동안 말하기 블록을 사용하여 보여줍니다. 평균을 보여주기 위해서 [계산] – [안녕! 과(와) 엔트리 를 합치기] 블록을 가져와 '안녕!'은 '평균은'으로 텍스트를 수정하고, [생김새] – [안녕! 을(를) 4 초 동안 말하기▼], [자료] – [합계▼ 값] 블록을 가져와서 다음과 같이 수정합니다.

⑦ 함수 만들기가 끝났다면 아래의 확인 버튼을 누릅니다.

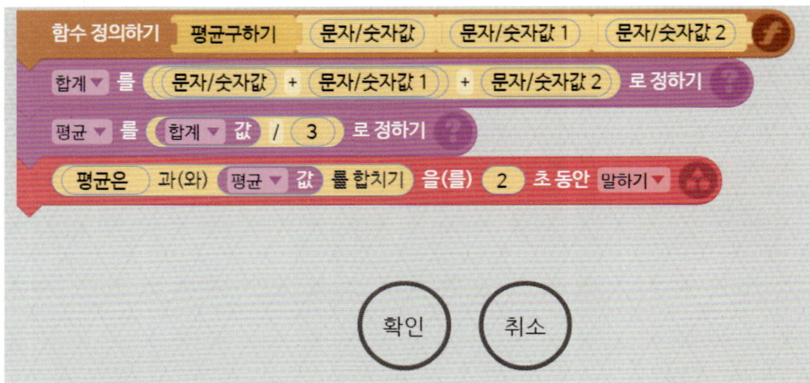

시작 만들기

① [시작] – [시작하기 버튼을 클릭했을 때] 블록을 가져와서 배치합니다.

② [자료] – [안녕! 을(를) 묻고 대답 기다리기] 블록을 가져와서 다음과 같이 수정합니다.

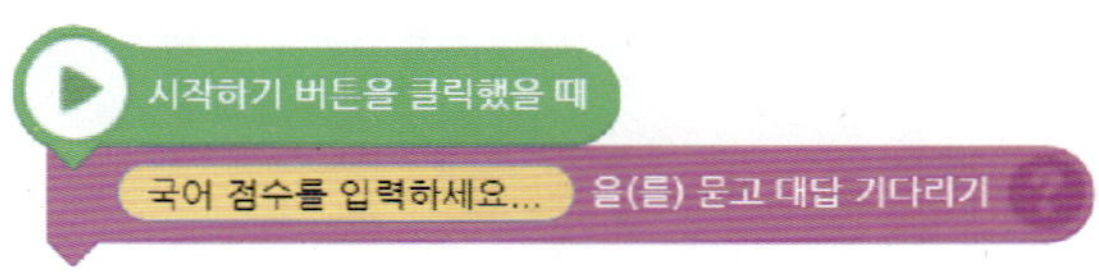

③ [자료] – [합계 를 10 로 정하기], [대답] 블록을 가져와서 다음과 같이 수정합니다. “국어 점수를 입력하세요...”라고 질문하고 사용자가 키보드로 점수를 입력하면 [대답] 블록에 입력한 점수가 임시로 기억됩니다. [대답] 블록에 저장된 점수가 국어점수 변수에 다시 저장됩니다.

④ 위의 국어점수를 처리하는 ②, ③ 단계와 동일한 과정으로 영어점수, 수학점수를 처리하는 블록들을 가져와서 배치하고, 다음과 같이 수정합니다.

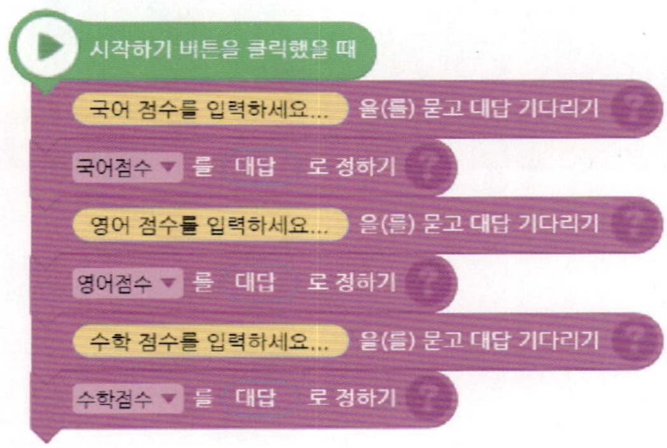

⑤ 마지막으로 입력 받은 3개의 국어, 영어, 수학점수를 평균구하기 함수에게 전달하는 블록을 만들면 됩니다. [함수] – 

, [자료] – 

블록 3개를 가져와 결합하고, 다음과 같이 수정합니다.

〈완성된 코드〉

• 함수 만들기

• 시작 만들기

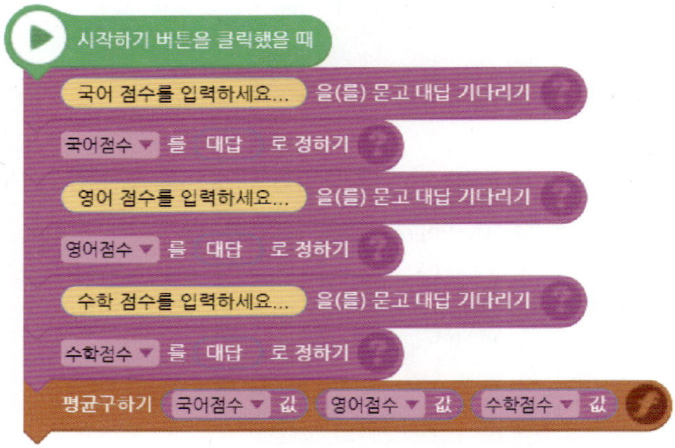
시작하기 버튼을 클릭했을 때
국어 점수를 입력하세요... 을(를) 묻고 대답 기다리기
국어점수 를 대답 로 정하기
영어 점수를 입력하세요... 을(를) 묻고 대답 기다리기
영어점수 를 대답 로 정하기
수학 점수를 입력하세요... 을(를) 묻고 대답 기다리기
수학점수 를 대답 로 정하기
평균구하기 국어점수 값 영어점수 값 수학점수 값

〈실행 화면〉

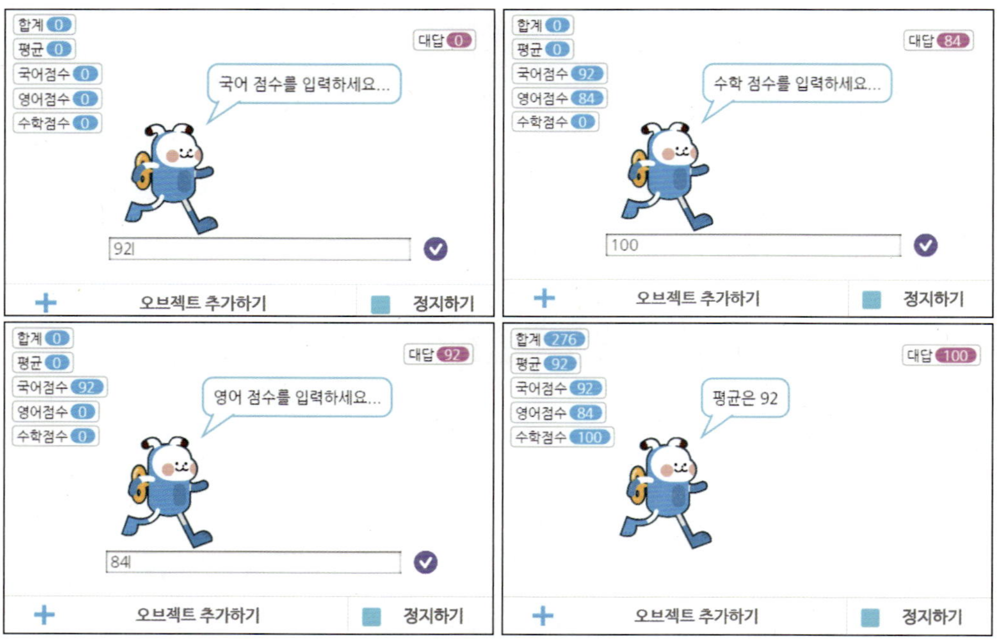
합계 0
평균 0
국어점수 0
영어점수 0
수학점수 0
대답 0
국어 점수를 입력하세요...
92
오브젝트 추가하기
정지하기
합계 0
평균 0
국어점수 92
영어점수 84
수학점수 0
대답 84
수학 점수를 입력하세요...
100
오브젝트 추가하기
정지하기
합계 0
평균 0
국어점수 92
영어점수 0
수학점수 0
대답 92
영어 점수를 입력하세요...
84
오브젝트 추가하기
정지하기
합계 276
평균 92
국어점수 92
영어점수 84
수학점수 100
대답 100
평균은 92
오브젝트 추가하기
정지하기

CHAPTER

03

구조적 프로그래밍

3.1 순차 구조
3.2 선택 구조
3.3 반복 구조

우리는 주어진 문제를 컴퓨터로 해결하기 위해서 프로그램을 작성합니다. 프로그램을 작성하다 보면 특정 조건에 따라 반복을 하거나 선택을 하는 경우가 발생합니다. 매번 프로그램의 흐름을 비구조적으로 변경하여 작성한다면 프로그램이 복잡해집니다. 이러한 비구조적 프로그램을 명령어가 순서대로 실행되는 **순차 구조**, 특정한 조건에 따라 서로 다르게 실행되는 **선택 구조**, 동일한 내용을 계속 반복해서 실행하는 **반복 구조**로 간결하게 만든 것이 **구조적 프로그램**입니다. 이러한 구조로 프로그램을 작성하는 것을 **구조적 프로그래밍**이라고 합니다.

이러한 방식의 구조를 사용하면 코드가 간단해지고, 코드를 이해하기 쉽고, 수정하기 쉽습니다.

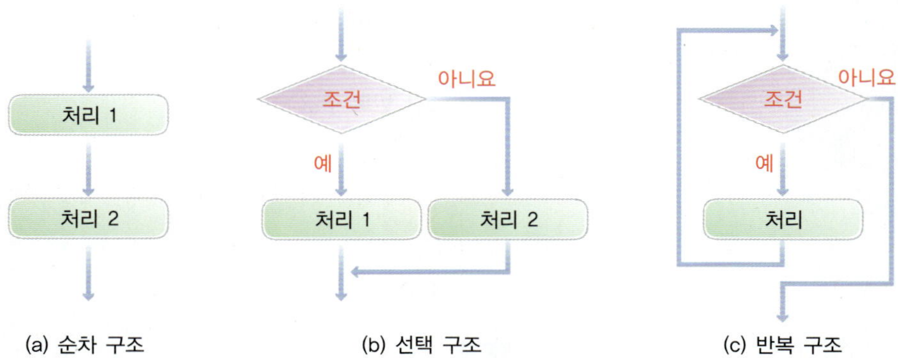

그림 3-1 구조적 프로그램의 구조

3.1 순차 구조

'순차 구조'는 가장 단순한 구조입니다. 순차 구조의 특징은 직선의 형태로 이루어졌으며, 진행 순서대로 프로그램을 작성하면 됩니다.

예를 들어 라면을 조리하는 과정을 보면, 설명서에 쓰여진 순서대로 라면을 끓이면 문제가 해결됩니다.

물 500mL를 준비한다.	→	냄비에 넣고 10분간 끓인다.	→	물이 끓으면 라면과 수프를 넣는다.	→	조리된 라면을 먹는다.

그림 3-2 라면을 조리하는 과정

실습

다음 수식을 계산 순서에 따라 계산해 보세요.

$$S = (2+8) \times ((33 \div 6) - 7)$$

〈화면구성〉

〈설명〉

제시된 수식은 순서대로 계산합니다. 순서대로 생각해서 계산하면 됩니다. 앞의 식을 계산하려면 먼저 괄호 안을 계산하고, 연산자 우선 순위에 따라서 순서대로 계산하면 됩니다. 참고로 수식의 계산에서는 우선 순위에 따라서 계산하면 되지만, 괄호를 사용하면 우선 순위를 변경할 수도 있습니다.

$$S = (\underbrace{2 + 8}_{A}) \times (\underbrace{(\overbrace{33 \div 6}^{B}) - 7}_{C})$$

① 먼저 변수 A, B, C, S를 추가합니다.

② [시작] – 시작하기 버튼을 클릭했을 때 블록을 추가합니다.

③ [자료] – S▾ 를 10 로 정하기, [계산] – 10 + 10 블록을 가져와서 다음과 같이 수정합니다.

④ [자료] – S▾ 를 10 로 정하기, [계산] – 10 / 10 블록을 가져와서 다음과 같이 수정합니다.

⑤ [자료] – S▾ 를 10 로 정하기, [자료] – B▾ 값, [계산] – 10 - 10 블록을 가져와서 다음과 같이 수정합니다.

⑥ [자료] – S▼ 를 10 로 정하기 , [자료] – A▼ 값, C▼ 값, [계산] – 10 x 10 블록을 가져와서 다음과 같이 수정합니다.

⑦ [생김새] – 안녕! 을(를) 4 초 동안 말하기▼ , [자료] – S▼ 값 블록을 가져와서 다음과 같이 수정합니다.

〈완성된 코드〉

〈실행화면〉

※ 프로그래밍 언어에서의 일반적인 연산자 우선순위

연산자	우선 순위	의미
( )	1	괄호
^	2	산술 연산자(거듭제곱)
−	3	단항 음수 연산자
*, /	4	산술 연산자(곱셈, 나눗셈)
₩	5	산술 연산자(정수 나눗셈)
Mod	6	산술 연산자(나머지)
+, −	7	산술 연산자(덧셈, 뺄셈)
&	8	연결 연산자
=, < >, <, >, <=, >=	9	관계(비교) 연산자
Not, And, Or, Xor, Eqv, Imp	10	논리 연산자
=	11	대입 연산자

3.2 선택 구조

선택 구조는 순차 구조의 형태를 기본으로 하고 어떤 조건이나 상황에 따라 선택하는 구조입니다. 우리말로 '만약 ~ 이라면' 으로 표현되며, 다른 프로그래밍 언어에서는 보통 'IF ~ THEN'으로 표현합니다.

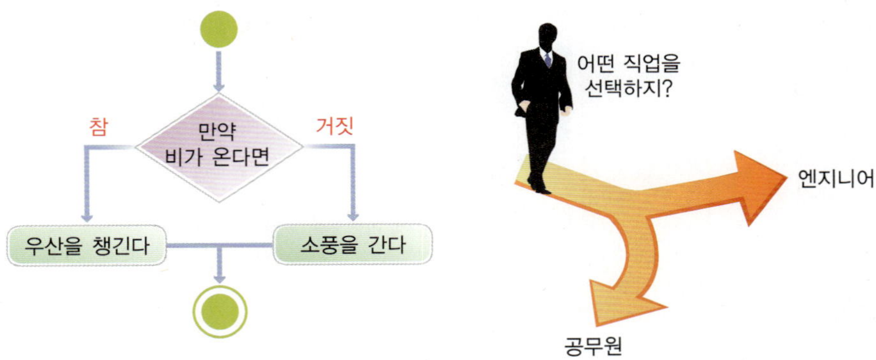

그림 3-3 선택 구조

엔트리에서 사용하는 선택 구조는 '흐름' 꾸러미 내에 2개의 블록이 있습니다.

블 록	설 명
	블록은 조건식의 판단 결과가 '참'이면 아래의 코드 블록들을 실행하고, '거짓'이면 아무것도 실행하지 않습니다.
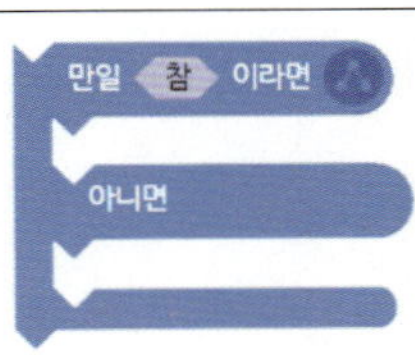	블록은 조건식의 판단 결과가 '참'이면 아래의 코드 블록들을 실행하고, '거짓'이면 아래의 코드 블록들을 실행합니다.

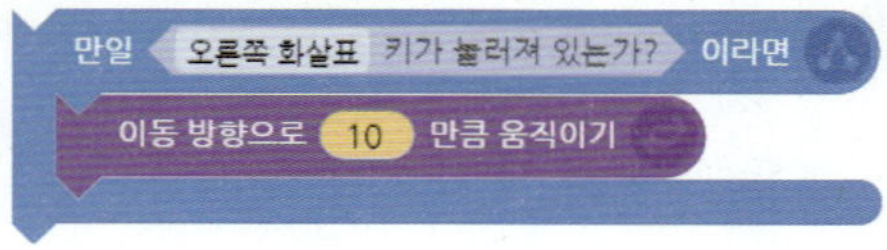	
키보드의 오른쪽 화살표 키가 눌러지면 이동 방향으로 10만큼 움직이기	결과 변수의 값이 10보다 크면, "결과값이 10보다 크다."라고 말하고, 아니면 결과 변수에 1을 더한 계산 결과를 결과 변수에 저장하기

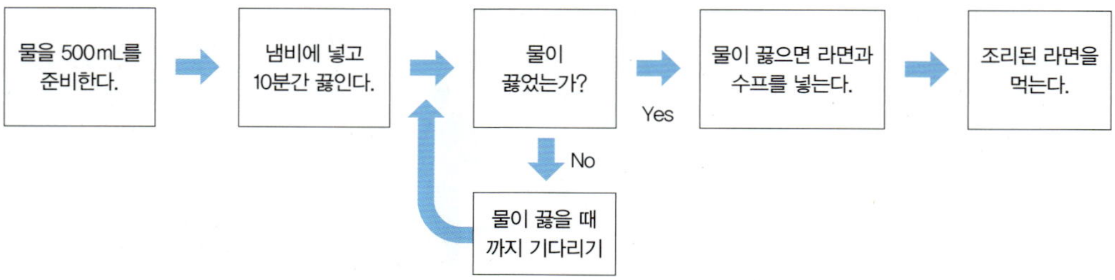

그림 3-4 선택 구조를 적용한 라면 조리 과정

실습 1

주사위를 던져서 나오는 1에서 6사이 숫자에 해당하는 주사위 그림이 표현되도록 코드를 작성해 봅시다.

〈화면구성〉

〈설명〉

'주사위 던지기' 오브젝트에 대한 설명입니다.

① '주사위 던지기'라는 글상자 오브젝트를 추가합니다.

잠깐만 엔트리에서 글자를 쓰는 방법은 글상자를 이용하는 것입니다. 글상자를 추가하는 방법은 오브젝트를 추가하는 방법과 같습니다. [오브젝트 추가하기] – [글상자]를 클릭하면 글자를 입력하고, 각종 글자 효과를 지정할 수 있습니다.

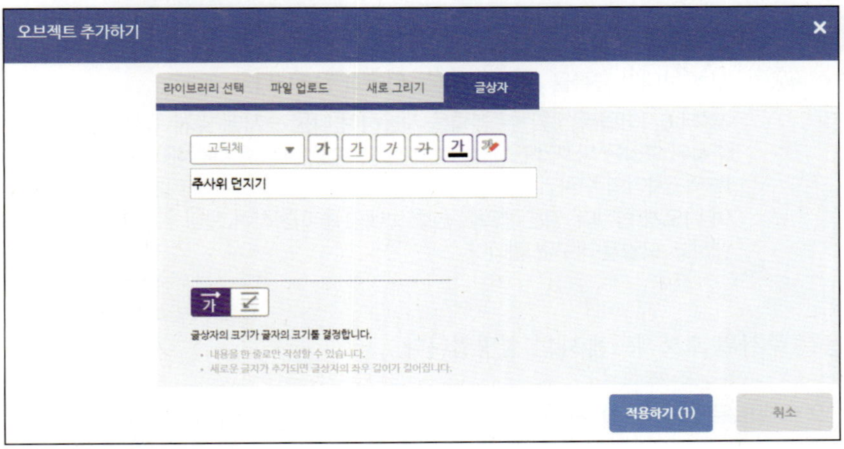

② [시작] – 

, 

블록을 가져와서 결합합니다.

③ [속성] – [신호] – '신호추가'를 클릭하고 '시작' 이름의 신호를 만듭니다. '시작'이라는 신호를 만들면 '대상없음'이 '시작'으로 자동 변경됩니다.

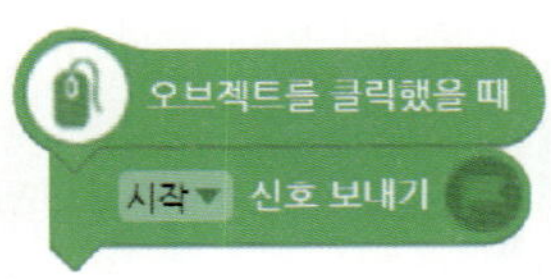

※ 나중에 신호 이름을 클릭해 보면 오브젝트에서 사용되고 있는 현황을 알 수 있습니다.

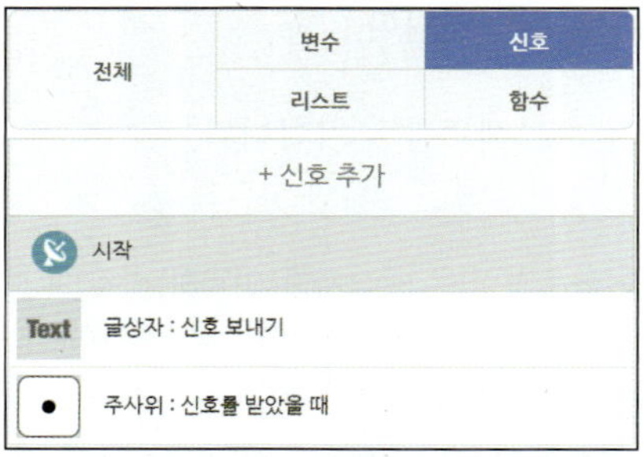

잠깐만

신호 보내기 블록을 사용한 이유는 다음과 같습니다.

'1부터 6사이의 무작위 수' 블록을 사용하여 나온 숫자에 맞게 주사위 모양을 바꿔야 합니다. 주사위 모양을 바꾸려면 해당하는 오브젝트에서 코드를 실행해야 모양을 바꿀 수가 있습니다. 1부터 6사이의 무작위 수에서 특정 숫자가 나오면 그 숫자에 따른 신호를 보내서 주사위 그림이 나오게 합니다. 결론적으로 '신호 보내기'를 이용하여 실행 위치를 주사위 오브젝트에서 실행하고, 모양을 바꾸면 됩니다.

다음은 주사위 오브젝트에 대한 설명입니다.

① '오브젝트 추가하기'를 누른 후 주사위를 키워드로 검색합니다. 검색한 후 '주사위'를 클릭하고 '적용하기'를 선택합니다.

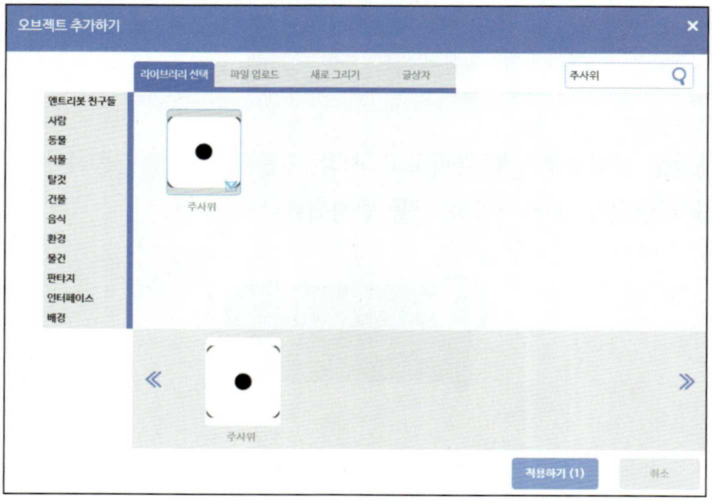

② [시작] – 시작▼ 신호를 받았을 때, [흐름] – 계속 반복하기 블록을 가져와서 결합합니다.

③ '주사위값'이라는 변수를 하나 만듭니다. 이 변수는 주사위를 던졌을 때 나오는 값, 즉 1에서 6사이의 숫자를 기억하는 역할을 합니다.

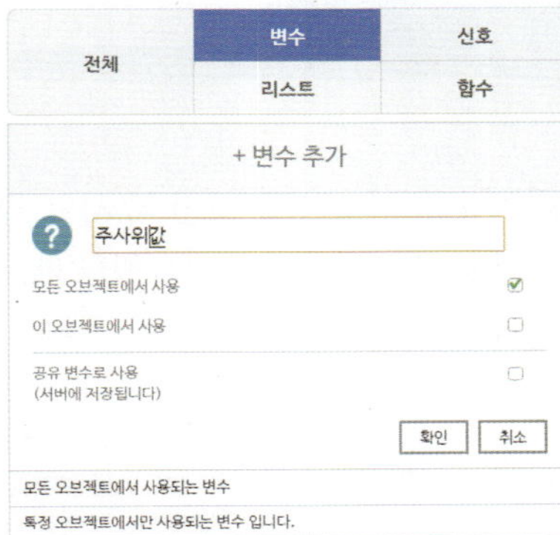

④ 먼저 주사위를 던졌을 때 나온 값을 주사위값에 저장하는 코드를 작성해 보겠습니다. [판단] – 0 부터 10 사이의 무작위 수 블록을 가져와서 '1부터 6'으로 수정하고, [자료] – 주사위값▼ 를 10 로 정하기 블록을 가져와서 결합하고 다음과 같이 수정합니다.

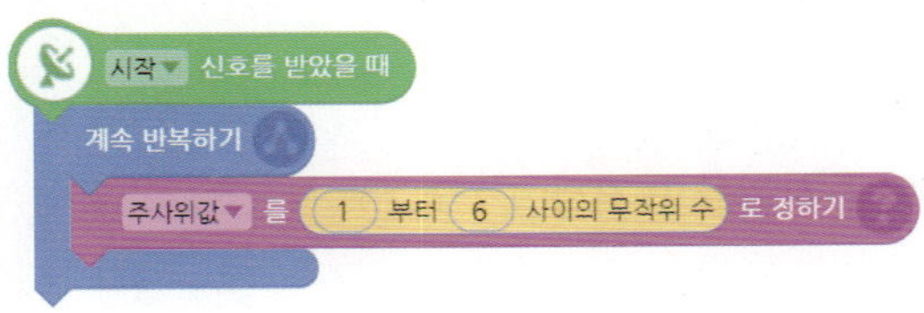

⑤ 앞의 ④에서 보았듯이 주사위를 던진 값은 주사위값에 기억되어 있습니다. 주사위값이 '1'이 나왔을 때의 코드를 작성해 보겠습니다. 먼저 [자료] – 주사위값▼ 값, [판단] – 10 = 10 블록을 가져와서 '주사위값이 1일 때'로 수정하고, [흐름] – 만일 참 이라면 블록과 결합합니다.

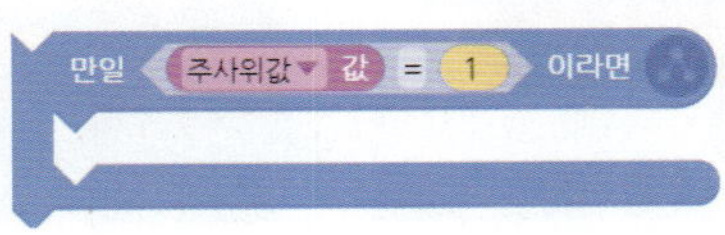

⑥ 주사위를 던져서 나온 값이 '1'이기 때문에 그에 맞는 주사위 그림으로 바꾸어 줍니다. [생김새] – 

, [흐름] – 

블록을 가져와서 결합합니다.

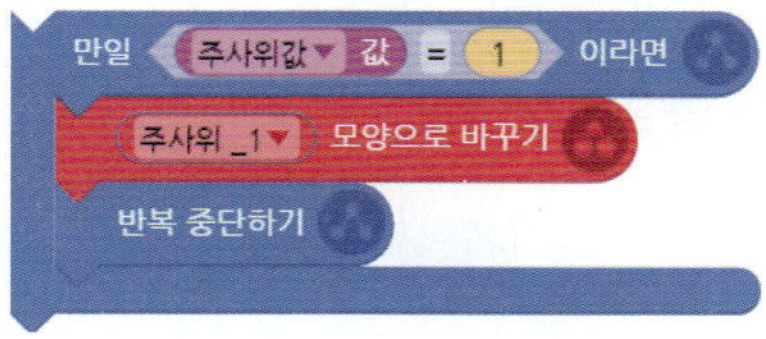

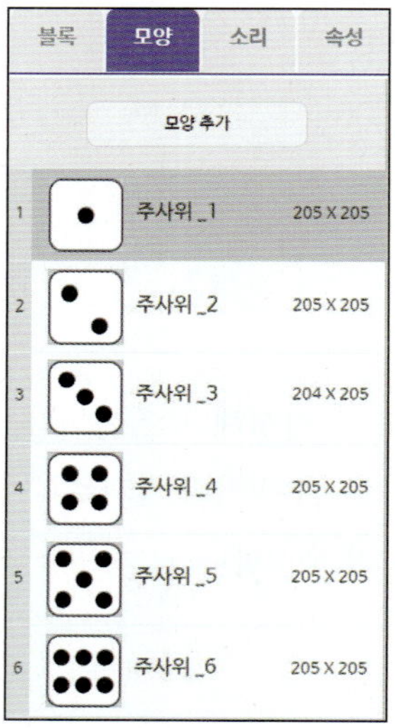

※ 주사위의 [모양]을 보면 '주사위_1'부터 '주사위_6'까지의 모양이 있습니다. 해당 숫자가 나왔을 때, 그에 맞는 주사위의 모양을 선택하면 됩니다.

⑦ 위의 과정을 반복하여 주사위를 던져서 '1', '2', '3', '4', '5', '6' 값이 나왔을 때의 코드를 만들어 줍니다.

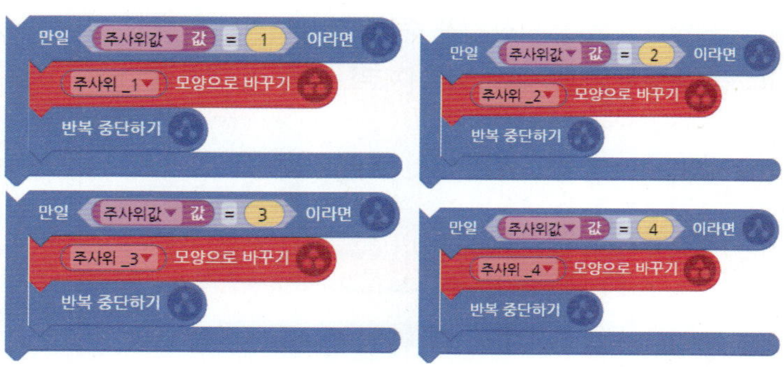

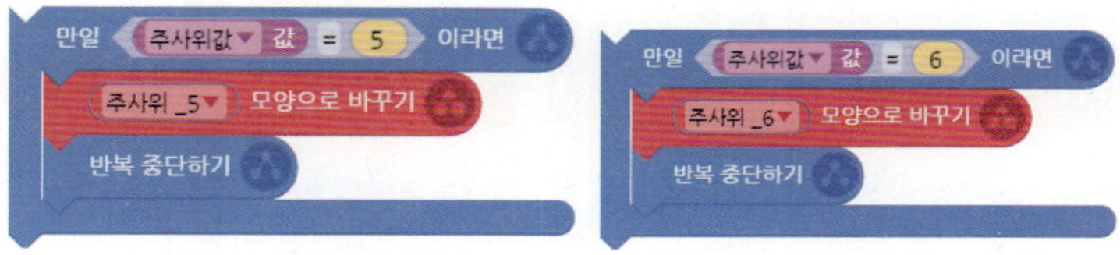

〈완성된 코드〉

• 주사위 던지기

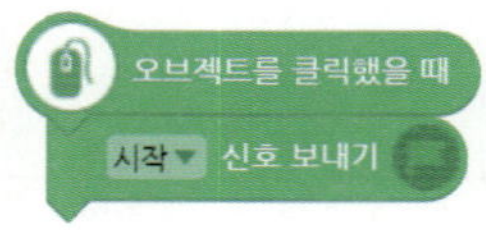

• 주사위 오브젝트

잠깐만

반복 중단하기 블록은 왜 사용할까요? 만약 이 블록이 없다면 주사위 모양의 그림이 계속 바뀌게 됩니다. '주사위 던지기'를 누르기 전까지 해당 주사위에 맞는 그림을 보여주기 위해서 반복을 중지해야 합니다.

3.3 반복 구조

2장에서 사각형을 그리는 코드를 설명하면서 반복 구조를 간단히 설명하였습니다. 말 그대로 동일한 코드 블록들을 반복하는 구조입니다. 반복 구조를 사용하면 코드의 길이가 짧아지며, 코드를 이해하기가 보다 쉬워집니다.

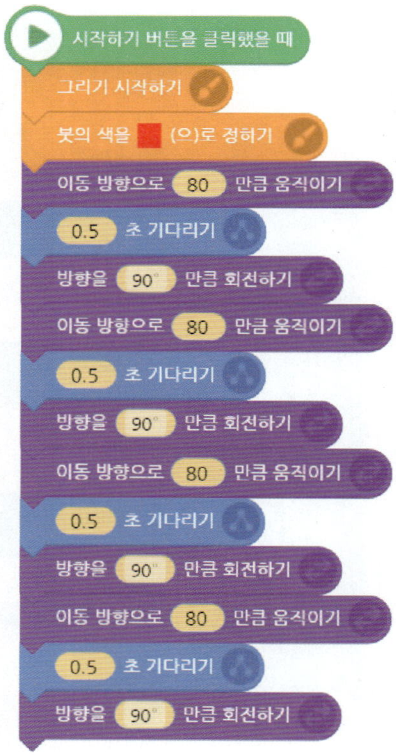

〈순차 구조의 예〉

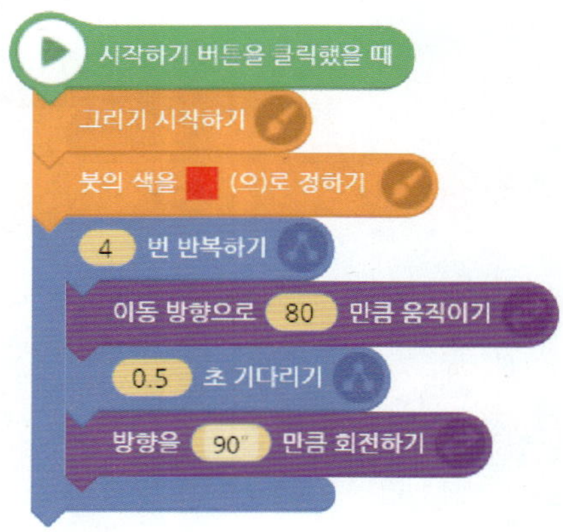

〈반복 구조의 예〉

그림 3-5 사각형 그리기

실습 1

1부터 입력하는 숫자까지의 합을 구하는 프로그램을 작성해 봅시다. 예를 들어 100이라고 입력을 하면 1+2+3+⋯+99+100 까지의 합을 구하면 됩니다.

〈화면구성〉

〈설명〉

① [시작] – 

, [흐름] – 

블록을 추가하여 결합합니다.

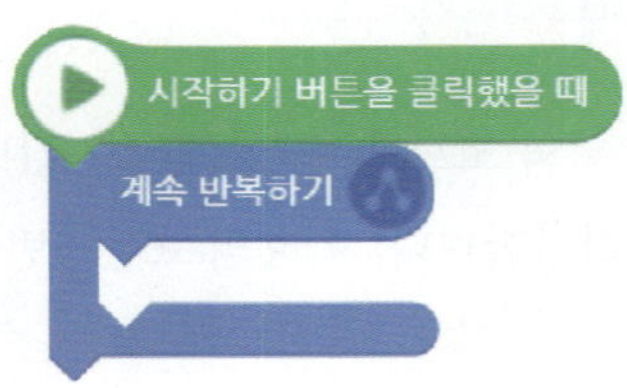

② [속성] – '변수 추가'를 이용하여 '증가값', '합' 이름으로 2개의 변수를 만듭니다. 증가값 변수의 역할은 1, 2, 3, ... 처럼 변수 자신의 값을 1씩 증가시키고 합 변수의 역할은 증가값과 합에 저장된 값을 더하여 저장합니다.

③ [자료] – [증가값▾ 를 10 로 정하기] 블록 2개를 가져와서 증가값 변수는 '1', 합 변수는 '0'으로 수정합니다. 합 변수값을 '0'으로 한 이유는 더해지는 값을 계속 누적시키기 위해서입니다.

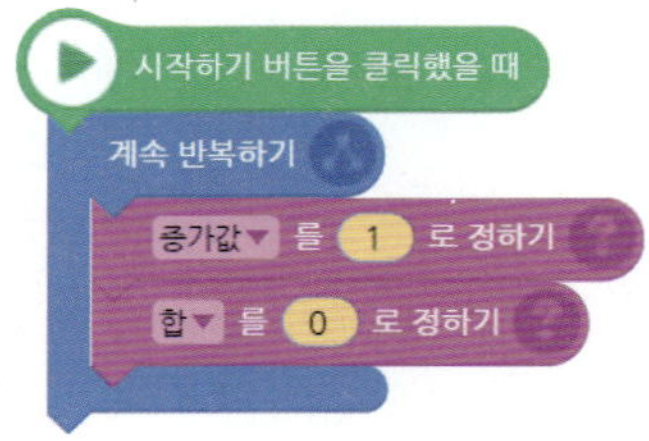

④ "1부터 몇까지 합을 구할까요?"라고 질문하기 위해서 [자료] – [안녕! 을(를) 묻고 대답 기다리기] 블록을 가져와서 다음과 같이 수정합니다.

⑤ [흐름] – [10 번 반복하기], [자료] – [대답], [증가값▾ 에 10 만큼 더하기] 블록 2개를 가져와서 다음과 같이 수정합니다.

예를 들어 대답을 5라고 했다면 위의 코드에서 "합에 증가값만큼 더하기"와 "증가값에 1만큼 더하기" 2개의 코드 블록을 5번 반복합니다. 아래의 표는 5번 반복했을 때 2개의 변수에 기억되는 값입니다.

	1회 반복 후	2회 반복 후	3회 반복 후	4회 반복 후	5회 반복 후
합 변수	1	3 (1+2)	6 (1+2+3)	10 (1+2+3+4)	15 (1+2+3+4+5)
증가값 변수	2	3	4	5	6

주의하세요 [증가값▼ 에 1 만큼 더하기] 블록은 증가값 변수에 1을 더하여 다시 증가값 변수에 저장하는 코드입니다. 즉, '증가값 = 증가값 + 1' 이라는 뜻입니다. 연산식에서 계산 순서는 오른쪽을 계산하여 결과를 왼쪽에 저장한다는 의미를 포함하고 있습니다.

[합▼ 에 증가값▼ 값 만큼 더하기] 블록은 '합 = 합 + 증가값'이라는 뜻으로 현재 합 변수에 증가값 변수를 더해서 새 변수인 좌변 합 변수에 저장한다는 코드입니다. 이 과정이 계속 반복되면서 '1 + 2 + 3 + ...'와 같이 계산됩니다.

⑥ [자료] – [대답], [판단] – [(안녕!) 과(와) (엔트리) 를 합치기] 블록 2개를 가져와서 '1부터 [대답]'을 합치고, 합친 결과를 다시 '까지의 합은?'과 합쳐서 [생김새] – [안녕! 을(를) 4 초 동안 말하기▼] 블록과 결합합니다. 그리고, [자료] – [증가값▼ 값] 블록을 가져와 [합▼ 값]으로 수정하고, [생김새] – [안녕! 을(를) 4 초 동안 말하기▼] 블록을 결합합니다. 예를 들어 질문에 '100'을 입력하였을 때, 아래의 두 개 블록의 의미는 "1부터 100까지의 합은?"이라고 1초간 말을 하고, 위의 코드들에서 1부터 100까지 계산된 결과가 저장된 변수의 값(합)을 2초 동안 말한다는 뜻입니다.

⑦ [자료] – [안녕! 을(를) 묻고 대답 기다리기] 블록을 가져와서 [계속 할까요?(y / n) 을(를) 묻고 대답 기다리기] 블록처럼 수정합니다.

⑧ [판단] – [10 = 10], [자료] – [대답] 블록을 가져와 [대답 = n] 블록처럼 수정합니다.

[흐름] – [만일 참 이라면], [모든▼ 코드 멈추기] 블록을 가져와 다음처럼 수정합니다.

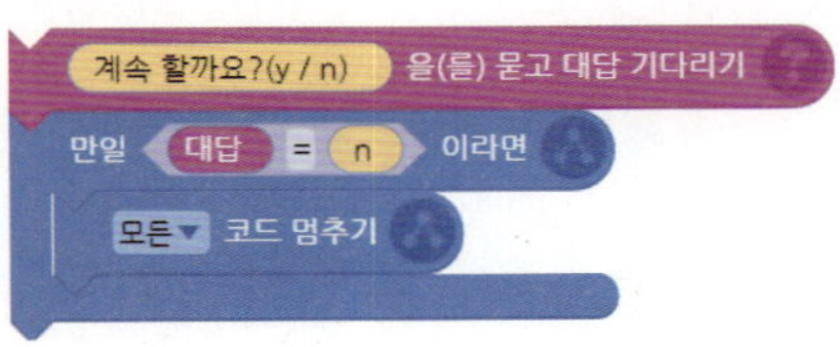

앞의 코드의 뜻은 “계속 할까요?(y/n)”라고 물어봤을 때 대답을 ‘y’를 입력하면 계속하고, ‘n’을 입력하면 모든 코드를 멈춘다는 뜻입니다. ‘n’을 입력하였을 때는 ‘모든 코드멈추기’ 블록이 실행되어 코드가 더 이상 실행이 되지 않습니다.

〈완성된 코드〉

〈실행화면〉

합 0
증가값 1
대답 0
1부터 몇까지의 합을 구할까요?
100
합 5050
증가값 101
대답 100
1부터 100까지의 합은?
합 5050
증가값 101
대답 100
5050
합 5050
증가값 101
대답 100
계속 할까요?(y / n)

2부

아두이노(Arduino)

CHAPTER

01

오픈 하드웨어 플랫폼 '아두이노'

1.1 아두이노의 탄생

아두이노(Arduino)는 이탈리아 북부 이브레아(Ivrea)라는 작은 도시의 인터랙션 디자인 전문학교 (IDII, Interaction Design Institute Ivrea)에서 시작되었습니다. 인터랙션 디자인이란 디지털 기술을 이용하여 인간과 제품(작품) 또는 서비스가 서로 소통할 수 있도록 하는 디자인 분야를 말합니다. 공학 지식보다 예술 지식이 더 많은 IDII의 학생들을 위해 전자 공학을 디자인에 활용하기 쉽고, 학생들이 부담스럽지 않은 저렴한 가격에 구입할 수 있는 교육용 보드가 필요하였고, 마시모 반지(Massimo Banzi) 교수와 다비드 쿠아르티에예스(David Cuartielles) 교수 등에 의하여 2005년에 최초 아두이노가 탄생하였습니다. 아두이노는 이탈리아어로 '절친한 친구'라는 의미를 가지고 있습니다.

그림 1-1 아두이노 개발자들. 왼쪽부터 David Cuartielles, Gianluca Martino, Tom Igoe, David Mellis, Massimo Banzi

(출처 : Randi Klett/IEEE Spectrum)

아두이노의 회로도는 크리에이티브 커먼즈 라이선스(CCL, Creative Commons License)에 따라 공개되어 있기 때문에 누구나 호환 보드를 만들어서 판매하는 것이 자유롭습니다. 그래서 전세계적으로 공식 아두이노 보드와 호환되는 아두이노 보드가 만들어지고 있으며 쓰임새나 목적에 따라 새로운 호환 보드가 다양하게 개발되고 있습니다.

아두이노 보드 종류가 많다고 걱정할 필요 없이 처음 시작하는 사람들은 아두이노 우노(UNO) 보드를 선택하면 됩니다([그림 1-2] 참고). 우노는 이탈리아어로 '하나'라는 의미를 가지고 있습니다. 우리가 0을 제외한 숫자를 셀 때 하나부터 시작하듯이 낯선 도구이지만 기존에 사용해본 경험과 전혀 상관없이 처음 시작하는 것이라면 고민하지 않고 선택해도 되는 보드라고 생각하면 됩니다.

아두이노 우노를 이용해서 거의 대부분의 프로젝트를 따라해 볼 수 있고 실제로 근사한 결과물을 완성시킬 수 있습니다. 또한 아두이노 우노는 전세계적으로 가장 많이 선택되어 사용되는 보드이기 때문에 그만큼 참고할 수 있는 자료도 많고 도움도 쉽게 받을 수 있습니다.

다양한 아두이노 보드들 중에 두에(DUE)라는 이름을 가진 보드는 '둘'이라는 의미를 가지고 있습니다. 아두이노 두에는 ARM이라는 CPU가 장착되어 있고 아두이노 우노보다 더 뛰어난 성능을 가지고 있습니다. 어떤 모습의 보드인지 아두이노 홈페이지(www.arduino.cc)에서 찾아보세요. 훗날 아두이노 우노를 뛰어 넘는 성능을 사용해야 할 경우 여러분들은 아두이노 두에를 선택해야 할 수도 있습니다.

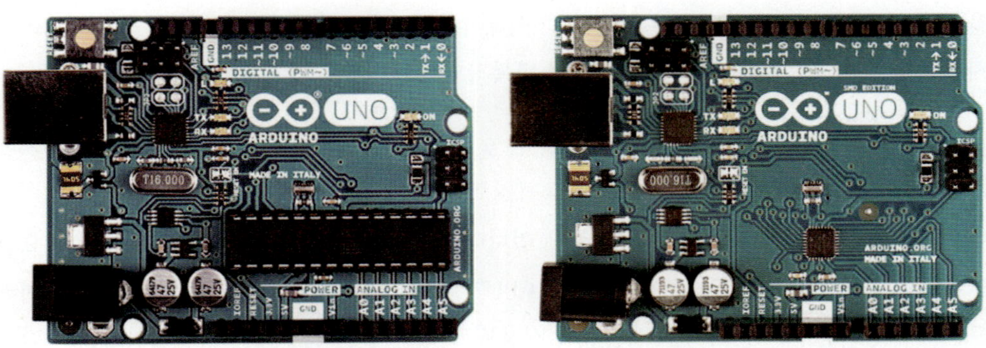

그림 1-2 초보자와 전문가를 위한 아두이노 주력 보드 우노

1.2 아두이노의 뇌 마이크로컨트롤러

우리는 아두이노를 이용해서 무엇을 할 수 있을까요?

이 질문에 대답하기 위해서 아두이노를 이용한 다양한 프로젝트를 찾아보는 것도 도움이 되지만 아두이노 보드에서 대부분의 명령을 처리하는 중앙처리장치(CPU, Central Processing Unit)가 하는 일을 이해하면 앞으로 우리가 아두이노를 이용하여 무엇을 할 수 있는지 대충 파악할 수 있습니다.

중앙처리장치는 인간이 어떤 명령 처리를 요청하게 되면 그 명령대로 해석하고 계산해서 처리해 주는 인간의 뇌와 같은 역할을 합니다. 여러분들이 흔히 사용하는 컴퓨터, 노트북, 태블릿, 스마트폰 등과 같은 기기에는 이런 명령을 처리하는 CPU가 내부에 존재합니다. 그리고 CPU는 우리가 일상생활에서 사용하는 TV, 냉장고, 세탁기, 전자레인지 등과 같은 대부분의 전자 제품에도 포함되어 있습니다.

컴퓨터에서 사용되는 CPU와 가전제품에서 사용되는 CPU가 하는 일은 궁극적으로는 같습니다. 차이가 있다면 일반적으로 컴퓨터에서는 인터넷과 게임을 동시에 하면서 매우 큰 용량의 동영상을 다운로드하는 등 동시에 많은 일들을 처리해야 하는 경우가 많지만, 우리가 일상 생활에서 사용하는 가전 제품들은 보통 몇 가지 일을 반복적으로 처리하는 경우가 많습니다.

많은 일을 동시에 처리할 필요가 없는 장치에 동시에 수많은 명령들을 처리할 수 있는 고성능 CPU를 장착할 필요가 있을까요?

비용도 많이 들고 성능 낭비가 무척 심할 겁니다. 이런 고민들이 반영되어 장치에서 필요한 만큼의 작업을 처리하는 효율적이고 저렴한 CPU가 개발되었습니다. 이렇게 탄생한 CPU는 여러분들이 사용하는 대부분의 전자제품에서 사용되고 있습니다. 가전제품이나 스마트폰과 같은 소형기기에 사용되는 CPU는 다양한 기능들이 함께 포함되어 만들어지는데, 이런 형태의 CPU를 마이크로컨트롤러(microcontroller) 또는 MCU(Micro Controller Unit)라고 부르기도 합니다.

아두이노 우노에는 ATmega328P(아트메가-삼이팔-피라고 읽습니다)라는 이름을 가진 마이크로컨트롤러가 장착되어 있습니다. 따라서 아두이노를 활용하면 CPU가 처리하여 동작시키는 모든 것들을 만들 수 있습니다.

그림 1-3 아두이노 우노 보드에서 ATmega328P

[그림 1-3]을 통해서 두 가지 다른 모양의 ATmega328P가 우노 보드에 어떻게 자리 잡고 있는지 확인할 수 있습니다. 생긴 모양은 다르지만 기능은 똑같습니다. 왼쪽의 형태를 딥(DIP, Dual In-line Package) 타입이라 하고, 오른쪽을 에스엠디(SMD, Surface Mount Device) 타입이라고 합니다.

[그림 1-3]을 통해서 쉽게 알 수 있는 것을 짚어보면 SMD 타입은 DIP 타입보다 작아서 공간을 많이 차지하지 않기 때문에 어떤 제품을 만들 때 더 작게 만들 수 있습니다. 하지만 앞으로 아두이노 실습을 할 때 여러 가지 전자 부품들을 선택하고 사용하게 되는데, SMD 타입은 여러분들이 직접 전선을 연결하기 어렵기 때문에 주로 긴 다리를 가진 DIP 타입의 부품들을 사용하게 될 것입니다.

앞서 아두이노 보드는 다양한 종류가 있다고 했습니다. 보드의 종류가 다양한 만큼 아두이노 보드에 장착되는 마이크로컨트롤러의 종류도 다양합니다. 그리고 보드의 이름은 달라도 동일한 마이크로컨트롤러를 사용하는 아두이노 보드도 있습니다. [그림 1-4]처럼 아두이노 우노 보드와 같은 ATmega328P 마이크로컨트롤러를 사용합니다.

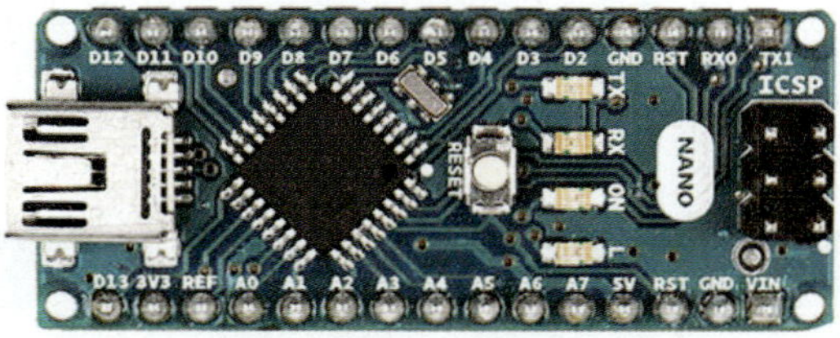

그림 1-4 아두이노 나노 보드

나노 보드는 우노 보드의 작은 버전으로 만들어졌습니다. 나노 보드의 실제 크기는 손가락 두 마디 정도의 크기입니다. 우노 보드를 이용해서 프로젝트를 검토하고 완성시킨 뒤에 더 작은 공간을 차지하는 제품으로 변경할 때 나노 보드는 매우 효율적으로 사용될 수 있습니다.

아두이노 우노를 활용해서 프로젝트를 진행하는 중간에 우노 보드보다 더 많은 기능이 필요하거나 다른 기능과 성능이 좋은 보드로 변경해야 하는 상황이 되면 고민하지 말고 적합한 다른 보드로 변경하면 됩니다. 보드를 바꾸게 되면 그동안 진행했던 모든 것들을 처음부터 다시 해야 하지 않을까 고민이 될 것입니다. 하지만 아두이노는 하드웨어적인 형태와 소스코드(source code) 또는 프로그램 코드가 공통으로 사용될 수 있도록 만들어져 있어 고민하지 않아도 됩니다.

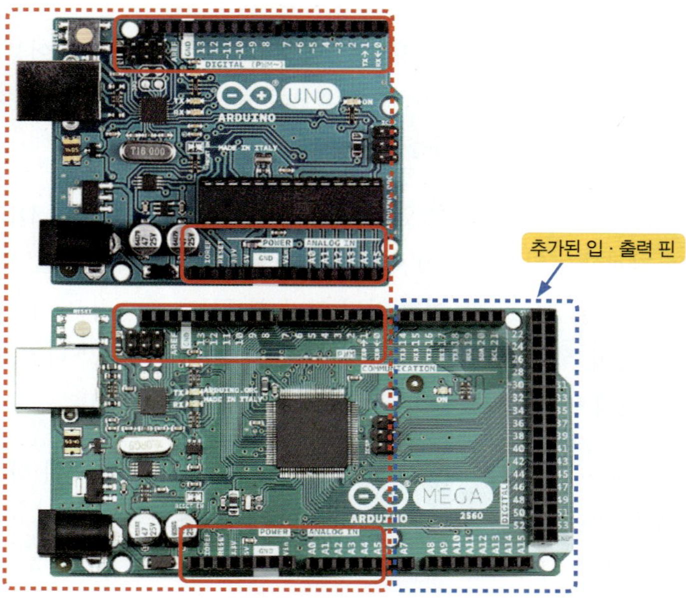

그림 1-5 아두이노 우노 보드(위)와 아두이노 메가2560 보드(아래)

아두이노 메가2560 보드는 ATmega2560 CPU가 장착되어 있으며 아두이노 우노 보드보다 더 많은 기능을 가지고 있습니다. [그림 1–5]에서 빨간색 테두리 부분의 흰색 글씨를 자세히 비교해서 보면 아두이노 우노 보드가 가지고 있는 입 · 출력 핀과 아두이노 메가2560 보드의 입 · 출력 핀이 정확하게 일치하는 것을 알 수 있습니다. 즉, 아두이노 우노에서 진행하던 프로젝트를 메가2560 보드로 그대로 옮겨서 진행할 수 있습니다. 그리고 [그림 1–6]과 같이 대부분의 아두이노 보드들은 입 · 출력 핀의 구조가 동일하기 때문에 아두이노 보드 종류를 바꾸지 않고, 적층해서 기존 아두이노 보드에 없었던 기능을 확장해서 사용할 수 있는 아두이노 실드(shield) 보드를 선택하고 활용할 수 있는 장점을 가지고 있습니다.

[그림 1–6]은 여러 종류의 실드들 중에서 두 가지 실드 보드를 핀 배치에 맞춰 적층한 모습을 보여주고 있습니다. 필요에 따라 다양한 기능을 지원하는 실드를 구성할 수 있으며, 적층하는 것은 마치 아두이노 탑을 쌓는 것과 같습니다.

(a) 아두이노 와이파이(WiFi) 실드

(b) 아두이노 모터(MOTOR) 실드

(c) 실드 적층

그림 1–6 아두이노 실드 보드 종류와 적층 모습

1.3 아두이노 소프트웨어

아두이노를 이용해서 다양한 실습을 할 경우 추가적인 부품들이 더 필요하지만, 자연스럽게 알게 되는 부분이니 지금은 가장 기본적인 구성만 갖춰서 시작해 봅시다.

필수 준비물

- 아두이노 우노 또는 다른 종류의 아두이노 보드
- 컴퓨터 또는 노트북
- USB 케이블
- 아두이노 통합 개발 환경

아두이노 프로그램을 작성하고 완성된 프로그램을 CPU로 옮겨주는 것과 같이 복잡한 작업을 도와주는 소프트웨어를 통합 개발 환경(IDE, Integrated Development Environment)이라 하며, 아두이노 웹사이트(www.arduino.cc)에서 무료로 다운로드할 수 있습니다.

준비된 컴퓨터나 노트북에 설치된 운영 체제에 맞춰서 아두이노 IDE를 설치하면 되는데, 여기서는 윈도(Windows) 운영 체제를 기준으로 설명하겠습니다.

① [그림 1-7]에서 아두이노 웹사이트(www.arduino.cc)로 접근하여 메인 페이지 위쪽의 Software 메뉴를 클릭합니다. 메인 페이지 디자인과 접근하는 메뉴는 언제든지 바뀔 수 있습니다.

그림 1-7 아두이노 홈페이지 메인

② [그림 1-8]에서 윈도용 파일들 중 제일 첫 번째 Installer 파일 형태를 선택합니다. 참고로 두 번째 ZIP 파일 형태의 경우 별도의 설치 과정 없이 압축을 해제한 뒤에 아두이노 IDE를 바로 사용할 수 있습니다.

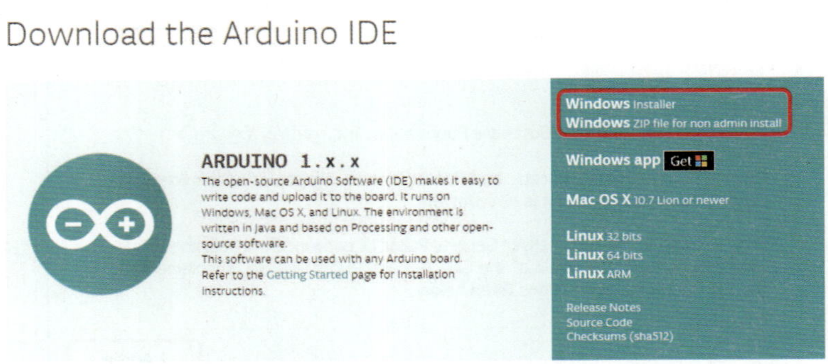

그림 1-8 아두이노 IDE 다운로드

③ [그림 1-9]에서 아두이노 IDE를 다운로드하는 사용자에게 소프트웨어 개발을 위해 지원금을 기부할 것을 요구하는 페이지가 나타납니다. 소프트웨어 발전을 위해서 기부하는 것은 좋은 일이지만 아두이노는 기부를 강요하지 않기 때문에 자유롭게 판단하면 됩니다. 아두이노 IDE를 다운로드하기 위해서 'JUST DOWNLOAD' 버튼을 클릭합니다.

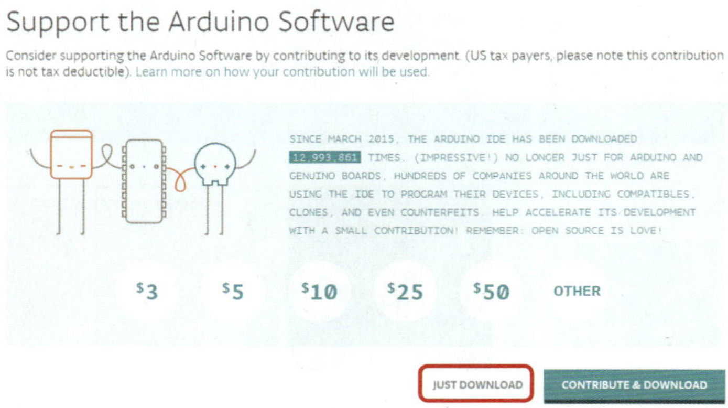

그림 1-9 아두이노 IDE 기부 요청 페이지

④ 다운로드한 아두이노 IDE 설치 파일을 실행합니다. [그림 1-10]에서 아두이노 IDE를 설치하기 전에 라이선스 계약에 동의 요청을 합니다. 'I Agree' 버튼을 클릭합니다.

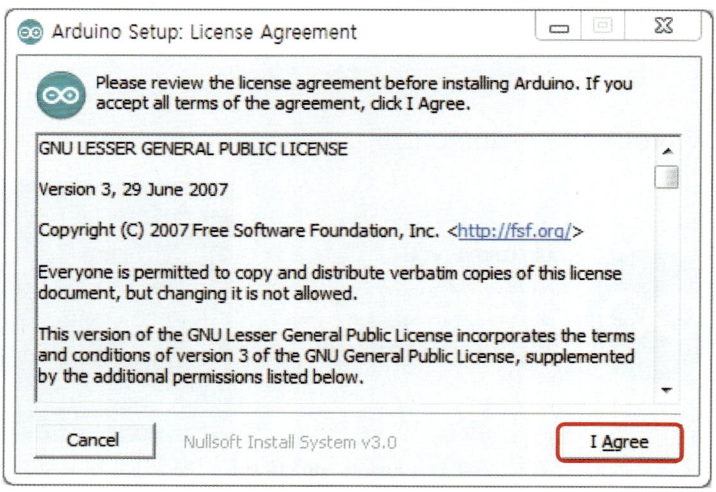

그림 1-10 아두이노 라이선스 계약

⑤ [그림 1-11]에서 설치 옵션 단계에서 아두이노 소프트웨어를 포함한 USB 드라이버, 단축 아이콘 생성 등의 구성 요소를 선택할 수 있습니다. 특별한 경우가 아니면 모두 체크되어 있는 상태로 'Next' 버튼을 클릭합니다.

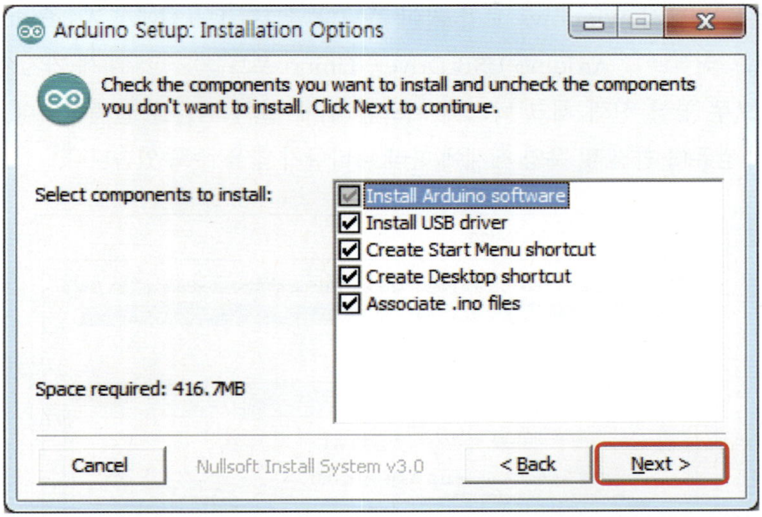

그림 1-11 아두이노 설치 옵션

⑥ [그림 1-12]에서 아두이노가 설치되는 경로를 지정하는 단계에서도 마찬가지로 특별한 경우가 아니라면 그대로 두고 'Install' 버튼을 클릭합니다.

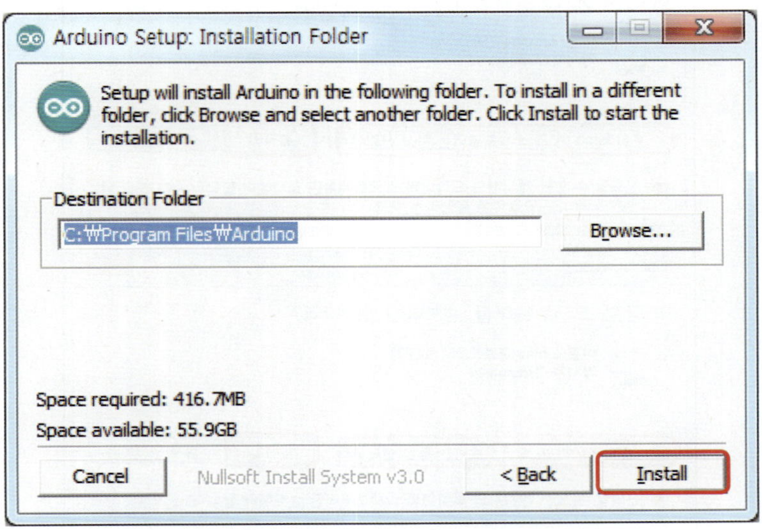

그림 1-12 아두이노 설치 폴더

⑦ 설치하는 과정에서 Windows 보안 창이 뜹니다. [그림 1-13]에서 Adafruit Industries LLC 포트(COM & LPT), Arduino USB Driver, Linino 포트(COM & LPT) 세 가지 장치 소프트웨어를 모두 항상 신뢰 체크 박스에 체크한 뒤에 설치 버튼을 클릭합니다. 이 단계는 사용자의 컴퓨터 환경 및 운영 체제에 따라 나타나지 않을 수도 있습니다.

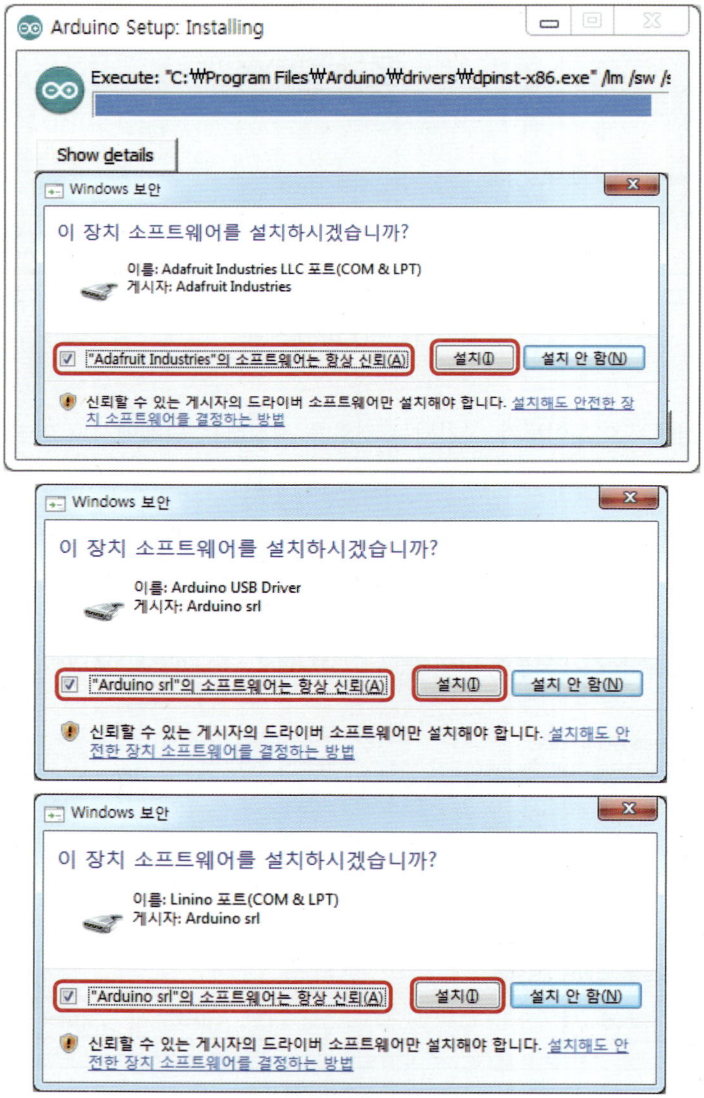

그림 1-13 장치 소프트웨어 설치

⑧ [그림 1−14]에서 설치가 완료되면 Close 버튼을 눌러 설치 과정을 마무리합니다. 컴퓨터의 바탕화면에서 아두이노 IDE 단축 아이콘이 나타납니다.

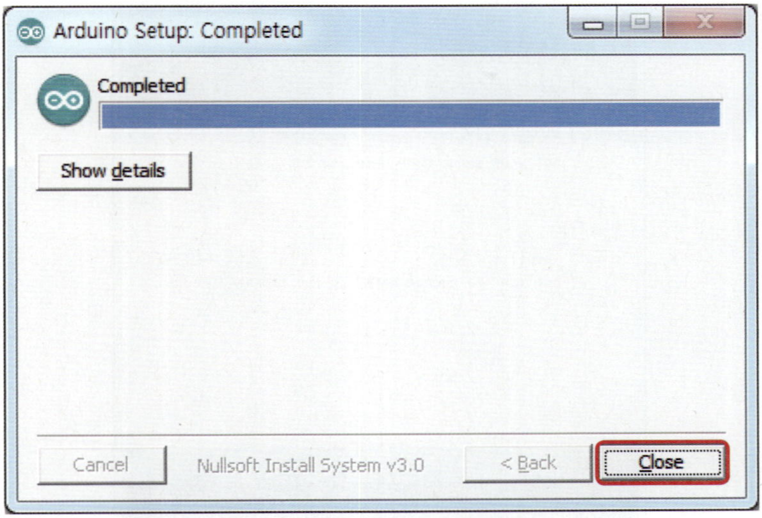

그림 1−14 아두이노 설치 완료

⑨ [그림 1−15]에서 이제 컴퓨터에 아두이노 우노 보드를 USB 케이블로 연결합니다. 아두이노 IDE를 설치하기 전에 컴퓨터와 아두이노 우노 보드를 미리 연결해두는 것도 괜찮습니다.

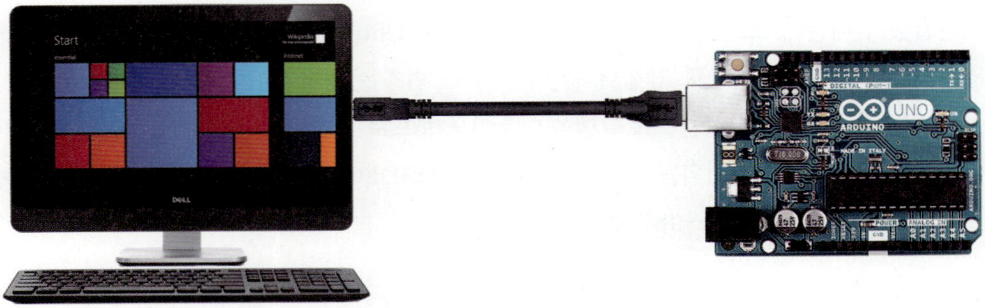

그림 1−15 PC와 아두이노 연결

⑩ 아두이노 IDE 단축 아이콘을 더블 클릭해서 아두이노 IDE를 실행합니다. [그림 1-16]과 같은 창이 열리면 아두이노 IDE가 잘 설치된 것입니다.

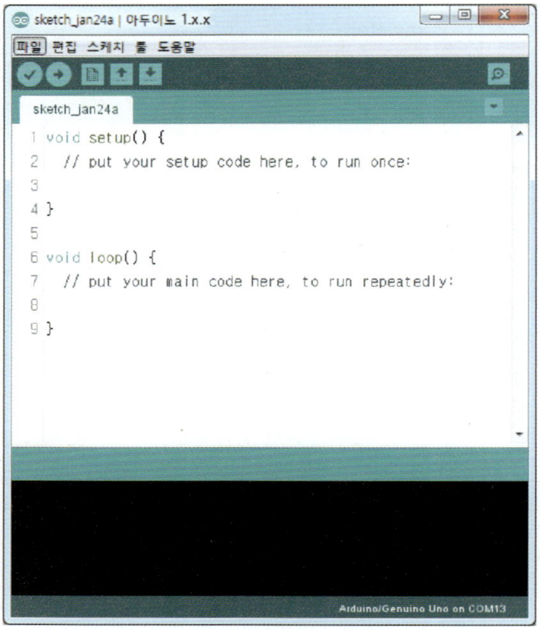

그림 1-16 아두이노 IDE 초기 화면

⑪ [그림 1-17]에서 툴 메뉴를 클릭해 보드와 포트 설정 상태를 확인합니다. 아두이노 우노를 연결했기 때문에 보드 항목은 'Arduino/Genuino Uno'로 자동 설정되고 포트는 컴퓨터에서 설정된 포트 번호로 잡힙니다. 이때 포트 번호는 사용자마다 다르게 나타납니다. 포트는 컴퓨터에서 작성한 프로그램을 아두이노 보드로 전달해주기 위한 통로를 의미하기 때문에 컴퓨터에서 확인되는 포트 번호와 아두이노 IDE에서 선택하는 포트 번호는 당연히 동일해야 합니다([그림 1-18] 참조).

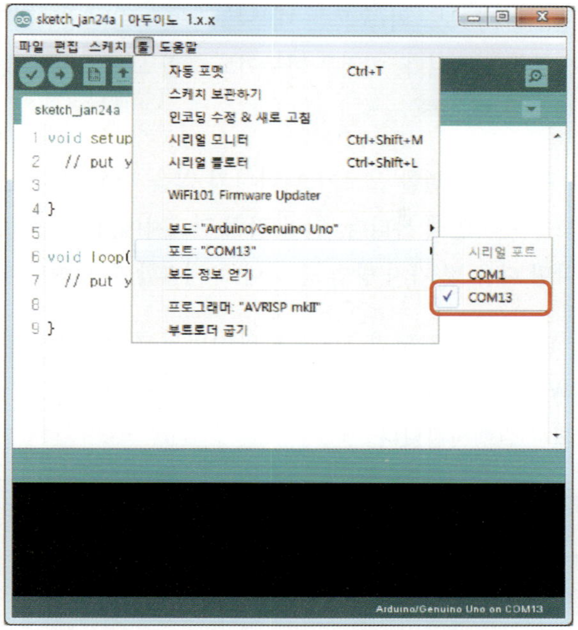

그림 1-17 포트 자동 연결 상태

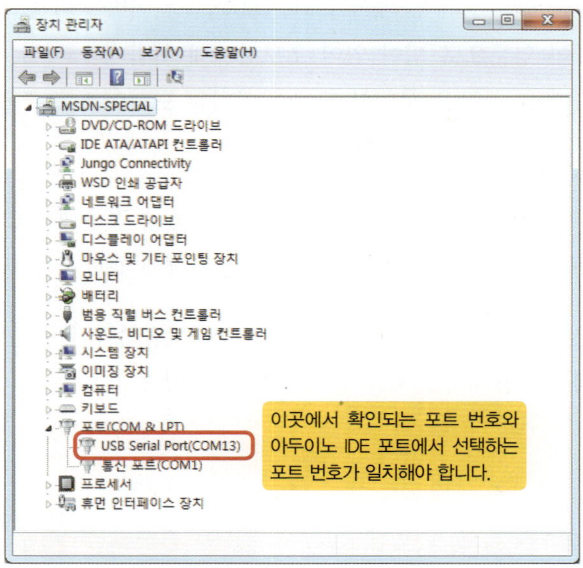

그림 1-18 장치 관리자 포트

아두이노 보드가 연결된 이후 보드와 포트는 대부분 자동으로 설정되지만, 포트가 자동으로 설정되지 않는 경우가 종종 있습니다. 이것은 아두이노 호환 보드를 사용했을 때 주로 나타나는 문제입니다.

[툴] – [포트] 메뉴를 통해서 연결할 포트가 나타나지 않을 경우 **[제어판] – [장치 관리자]**로 이동하여 시리얼 포트를 재확인해 봅니다. 만약 장치 관리자에서 [그림 1-18]과 같이 시리얼 포트가 보이지 않는다면 다음 몇 가지 방법 중 하나로 해결할 수 있습니다.

첫 번째, 아두이노 IDE가 설치되면 USB 드라이버도 함께 설치됩니다. 전체 경로는 'C:₩Program Files₩Arduino₩drivers'이며, drivers 폴더 내에 다음 두 가지 장치 드라이버 설치 마법사를 선택해서 실행시킵니다.

- dpinst-amd64.exe: 64비트 운영 체제일 경우
- dpinst-x86.exe: 32비트 운영 체제일 경우

두 번째, FTDI 칩(www.ftdichip.com) 웹 페이지에서 D2XX 드라이버를 다운로드한 뒤 설치합니다. 웹 페이지의 정보들이 영문으로 되어 있어 초보자에게 어렵게 느껴질 수 있으나, Drivers 메뉴에서 D2XX Drivers 항목을 선택한 뒤에 나타나는 드라이버 목록들 중에 사용자의 PC 운영 체제에 맞는 것을 찾아서 설치해 줍니다.

세 번째, 중국에서 만들어진 아두이노 호환 보드를 사용할 경우에는 CH340 또는 CH341 드라이버를 구글 등에서 검색한 뒤에 사용자의 PC 운영 체제에 맞는 것을 찾아서 설치해 줍니다.

네 번째, 인터넷에서 '아두이노 드라이버'라는 키워드로 검색하면 관련된 수많은 정보들을 확인할 수 있으며 이를 활용해서 문제를 쉽게 해결할 수 있습니다.

1.4 아두이노 통합 개발 환경 구성 요소

아두이노 우노에는 '아트메가-삼이팔-피(ATmega328P)'라는 마이크로컨트롤러가 장착되어 있습니다. 여러분들은 이제 ATmega328P가 명령에 따른 동작을 할 수 있도록 프로그램을 작성해서 알려주는 작업을 해줘야 합니다. CPU가 처리할 명령을 만들어주는 작업을 '프로그래밍 한다.' 또는 '코딩한다.'라고 표현하며 코딩으로 완성된 프로그램을 아두이노에서는 '스케치'라고 표현합니다.

스케치를 작성하는 아두이노 IDE의 각 구성 요소들을 다시 살펴볼까요?

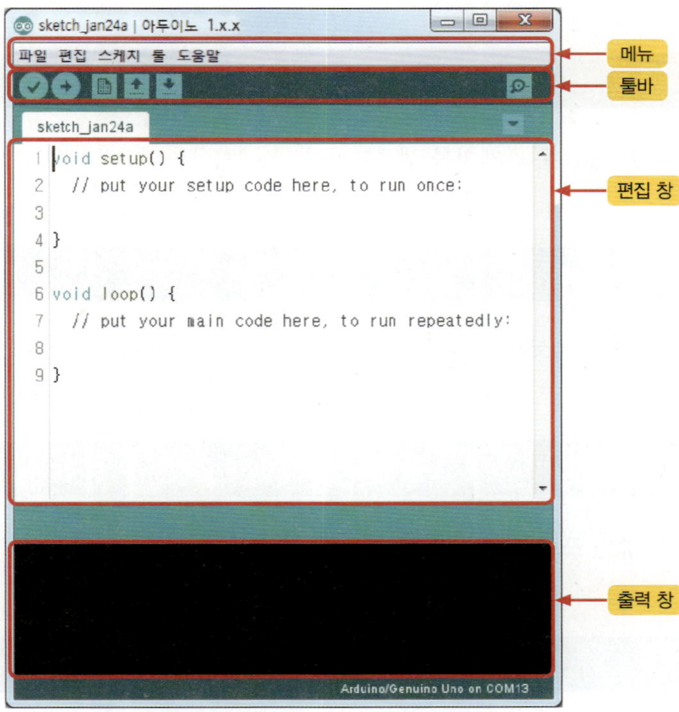

그림 1-19 아두이노 IDE 구성 요소

툴바의 아이콘들은 자주 사용하게 됩니다. 각 아이콘들의 기능은 다음과 같습니다.

- 확인: 현재 편집 창에 작성된 프로그램 코드를 컴퓨터가 처리할 수 있는 명령어로 변환합니다. 이 작업을 컴파일(compile)이라고 합니다.

- 업로드: 현재 프로그램을 컴파일한 뒤에 컴퓨터에 연결된 아두이노 보드로 컴파일된 실행 파일을 업로드합니다.

- 새 파일: 비어 있는 새로운 스케치를 생성합니다.

- 열기: 이전에 작성된 스케치를 열거나 아두이노에서 제공하는 예제 파일을 열 때 사용합니다.

- 저장: 현재 작성 중인 프로그램을 저장합니다.

- 시리얼 모니터: 시리얼 통신 모니터링 프로그램을 실행합니다. 이 기능을 통해 아두이노와 대상 장치와의 시리얼 통신으로 전송 · 수신되는 데이터를 쉽게 확인할 수 있습니다.

프로그램을 작성한 뒤에 업로드 아이콘을 누르면 한 번에 컴파일과 업로드를 동시에 진행하기 때문에 주로 업로드 아이콘을 사용하게 됩니다. 만약 컴파일 단계에서 오류가 발생되거나 업로드 과정에서 오류가 발생되면, 그 오류를 반드시 해결해야 업로드가 되고, 여러분이 만든 프로그램이 제대로 동작합니다.

컴파일 과정에서 발생되는 오류는 주로 프로그램을 작성할 때 지켜야 하는 문법적인 오류가 대부분입니다. 아두이노에서 사용되는 프로그램 문법은 C 언어와 C++ 언어의 문법을 기반으로 하고 있지만 미리 알고 있어야 하는 것은 아닙니다. 아두이노에서 사용하는 문법을 하나씩 익혀 나가면 문법적인 것은 자연스럽게 알게 됩니다. 하지만 어떤 문법적인 요소들이 있는지 궁금한 분들은 아두이노 홈페이지에서 레퍼런스(reference) 페이지(www.arduino.cc/en/Reference/HomePage)를 미리 방문해서 확인해 보길 바랍니다.

업로드 과정에서 발생되는 오류는 주로 아두이노 보드와 PC가 서로 연결되어 있지 않거나, COM 포트 설정이 안 되어 있는 경우입니다. 초보일 때 할 수 있는 가장 쉬운 해결 방법은 연결되어 있던 USB를 뽑았다가 다시 연결해주는 것입니다. 이것만으로도 업로드 문제가 해결되는 경우가 종종 있습니다.

1.5 안녕~아두이노

프로그래밍 언어를 배울 때 가장 먼저 정상적으로 작동하는지 확인하는 용도(새너티 테스트)로 'Hello world!'를 출력해보는 절차가 있습니다. 프로그래밍 언어를 배울 때처럼 아두이노에서도 모든 환경 설정을 마친 뒤에 가장 먼저 실행해 보는 예제가 있습니다. 그것은 아두이노 보드에 연결되어 있는 LED 하나를 1초 간격으로 깜박이게 해보는 예제입니다. 아두이노 보드에 연결되어 있는 LED를 동작시켜보는 과정을 통해 컴파일과 업로드가 정상적으로 동작되는지 확인할 수 있습니다.

[그림 1-20]에서처럼 대부분의 아두이노 보드에는 한 개의 LED가 13번 핀에 이미 연결되어 있습니다. 이렇게 보드에 내장된 LED는 명령어로 실행할 수 있게 LED_BUILTIN이라는 이름으로 정의해놓고 있습니다.

그림 1-20 아두이노 우노 보드의 LED

아두이노 IDE를 실행하면 편집 창에 [그림 1-21]과 같이 몇 줄의 프로그램 코드가 자동으로 입력되어 있는 상태로 시작됩니다. 아두이노 스케치는 C 언어 또는 C++ 언어로 만들어집니다. 그런데 C 언어와 C++ 언어는 메인(main) 함수에서 프로그램이 시작되기 때문에 반드시 main

함수가 필요함에도 불구하고 main 함수가 보이지 않습니다. 아두이노에서도 main 함수는 존재하지만 숨겨져 있습니다.

```
void setup() {
  // put your setup code here, to run once:

}

void loop() {
  // put your main code here, to run repeatedly:

}
```

셋업 함수

여기에 한 번 실행하는 프로그램 코드를 입력합니다.

루프 함수

여기에 반복적으로 실행하는 프로그램 코드를 입력합니다.

그림 1-21 아두이노 IDE 새 파일

사실 셋업(setup)과 루프(loop) 함수는 메인 함수 내에 있는 함수들입니다. 이렇게 처리한 이유는 여러분들이 아두이노의 프로그램 구조를 보다 쉽게 이해할 수 있도록 가장 간단한 형태의 선언을 요구하는 것입니다. 하지만 프로그래밍 언어의 문법에 익숙하지 않은 경우 이런 간단한 구조도 어렵게 느껴질 수 있습니다. 시간이 지나면 익숙해지기 때문에 지금 이해가 되지 않더라도 실망하지 않아도 됩니다.

셋업과 루프 함수의 의미를 하나씩 살펴보겠습니다.

```
void setup() {

}
```

그림 1-22 setup() 함수

setup 함수의 범위는 '{ }' 중괄호 내부에 입력되어 있는 프로그램 코드에 한정됩니다. 중괄호를 지우거나 여는 괄호 '{'와 닫는 괄호 '}'의 짝이 맞지 않으면 안 됩니다. 만약 실수로 중괄호 바깥에 프로그램 코드를 입력하면 그것은 setup 함수와는 상관없는 프로그램 코드가 됩니다.

setup 함수 내의 프로그램 코드는 아두이노가 시작될 때 한 번만 실행됩니다. 따라서 아두이노가 시작될 때 한 번만 수행되어야 하는 동작을 setup 함수 내에 코딩합니다. 보통은 아두이노의 하드웨어 설정을 초기화시키는 동작을 선언해줍니다.

```
void loop() {

}
```

그림 1-23 loop() 함수

loop 함수의 범위도 setup 함수와 마찬가지로 중괄호 내부에 입력되는 프로그램 코드에 한정됩니다. loop 함수 내의 프로그램 코드는 아두이노 보드에 전원이 공급되는 동안에는 무한으로 반복됩니다. 따라서 아두이노 보드를 이용한 프로젝트에서 동작을 반복해서 제어하는 코드는 loop 함수 내에 작성해 줍니다.

아두이노의 기본적인 스케치 구조를 전체적으로 보면 [그림 1-24]와 같습니다.

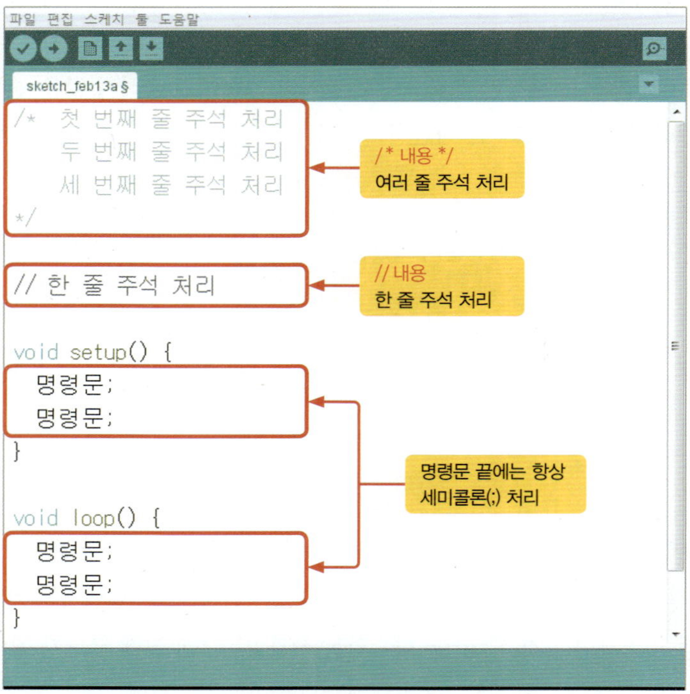

그림 1-24 아두이노 스케치의 기본 구조

[그림 1-24]를 보면 앞에서 언급하지 않은 부분이 보입니다. 먼저 주석(comment)이라고 하는 부분입니다. 주석으로 선언된 부분은 프로그램 코드를 컴퓨터가 처리할 수 있는 명령어로 변환하는 과정인 컴파일 단계에서 무시되는 문장입니다. 즉, 컴퓨터에게 명령을 내리는 프로그램 코드가 아니고 사람이 나중에 참고하기 위해서 포스트잇 등에 남기는 메모와 같은 기능을 합니다.

주석을 선언하는 방식은 두 가지가 있습니다. [그림 1-24]에서 첫 번째, 여러 줄을 주석으로 선언할 때는 시작할 때 '/*' 슬래시(slash)+애스터리스크(asterisk)를 연속으로 쓰고 주석으로 처리할 부분의 마지막에 반대로 '*/'를 씁니다. '/*'는 '~부터'로 '*/'는 '~까지'로 기억하면 더 쉽게 이해가 될 것입니다. 두 번째, 한 줄(행)을 주석으로 선언할 때는 '//'와 같이 슬래시 기호를 두 번 씁니다.

여러분들은 앞으로 주석으로 설명되어 있는 프로그램 코드를 많이 보게 될 것입니다. 주석은 프로그램 코드를 작성한 개발자가 참고하는 목적도 있고, 그 프로그램 코드를 보게 되는 다른 모든 사람들에게 프로그램 코드가 의미하는 내용을 쉽게 설명하여 프로그램 코드에 대한 이해를 높여주는 역할도 합니다. 따라서 주석을 통해 시간이 한참 지난 뒤에도 그 프로그램 코드가 의미하는 내용을 쉽게 확인할 수 있기 때문에 설명이 필요한 부분은 반드시 주석을 달아주는 습관을 가지는 것이 좋습니다.

마지막으로 [그림 1-24]에서 `setup` 함수와 `loop` 함수에 작성되는 명령문의 끝에는 항상 마침표의 의미를 가지는 ' ; ' 세미콜론을 붙여 명령문의 끝을 알려 줍니다.

지금까지 아두이노 보드에 연결되어 있는 LED를 깜박이게 하는 예제를 실행하기 전에 아두이노 스케치의 기본 구조를 살펴보았습니다. 이제 아두이노 우노 보드에 연결되어 있는 LED를 한 번 켜보겠습니다.

[그림 1-25]와 같이 아두이노 IDE에서는 수많은 예제 스케치를 제공하고 있습니다. 여유가 있을 때 어떤 스케치들이 있는지 목록들을 살펴보고 실행해보기 바랍니다. 우리는 가장 기본적인 Blink 스케치를 실행할 것입니다. 따라서 아두이노 IDE를 실행한 뒤에 [파일]-[예제]-[01.Basics]-[Blink] 스케치를 실행합니다.

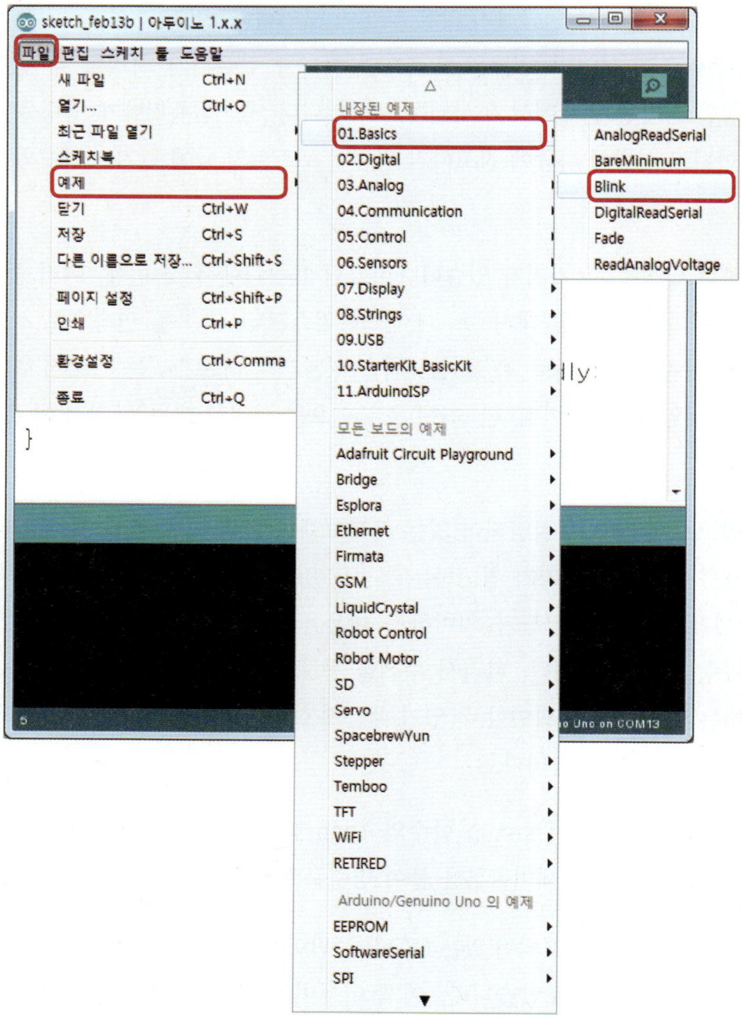

그림 1-25 아두이노 예제 목록과 Blink 스케치 열기

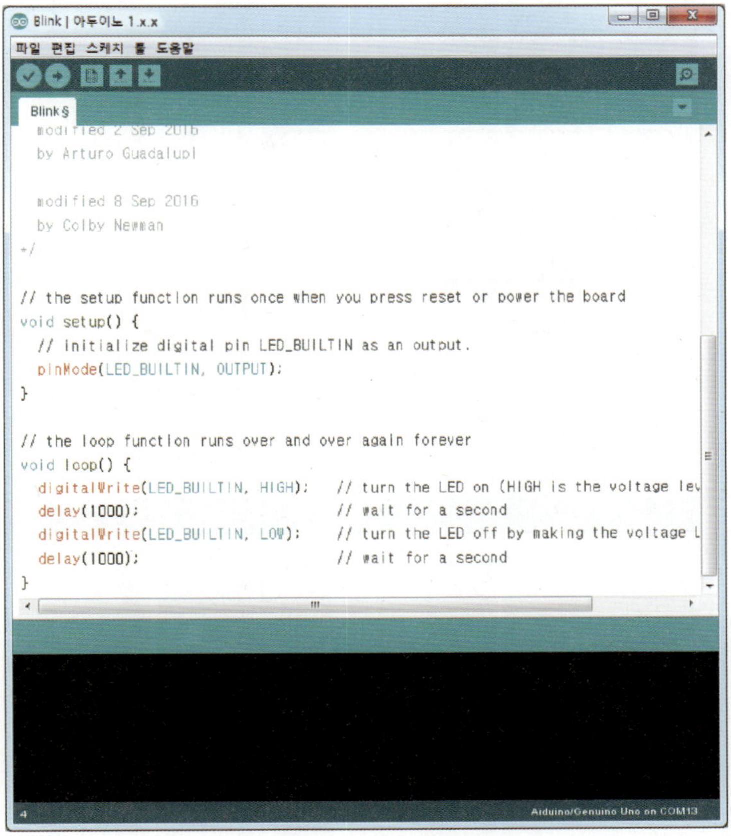

그림 1-26 Blink 스케치

[그림 1-26]과 같이 Blink 스케치가 새 창에서 열립니다. 앞에서 배웠던 여러 줄 주석과 한 줄 주석들이 눈에 들어오나요? 한글이면 더 읽기 쉽겠지만, 영문자로 매우 친절하게 스케치 예제에 대한 설명과 프로그램 코드를 친절하게 설명해 주고 있습니다. 주석들을 모두 빼면 Blink 스케치는 다음과 같은 프로그램 코드로 이루어져 있습니다.

[그림 1-27]에서 `setup` 함수와 `loop` 함수 내에 새롭게 등장한 명령어는 크게 세 가지로 구분됩니다.

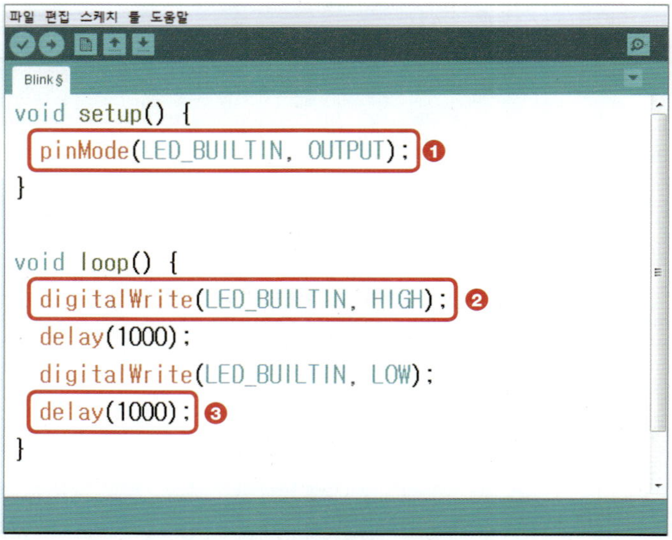

그림 1-27 주석을 지운 Blink 스케치

① `pinMode(LED_BUILTIN, OUTPUT);`

pinMode 함수는 아두이노 보드의 입 · 출력 핀을 입력 핀으로 사용할 것인지 아니면 출력 핀으로 사용할 것인지를 결정하는 함수입니다. 마이크로컨트롤러를 쓸 때 이 부분은 중요한 초기 설정 중에 하나입니다. 아두이노 우노 보드에는 이렇게 초기에 입력 또는 출력 핀으로 지정해서 써야 하는 디지털 입 · 출력 핀이 0번 핀부터 13번 핀까지 14개이며, 추가로 디지털 입 · 출력 핀으로 사용할 수 있는 아날로그 A0 핀부터 A5 핀까지 6개를 포함하면 총 20개의 핀이 pinMode 함수와 연관되어 있습니다. 특별한 경우가 아니면 setup 함수 내에 선언해줍니다.

pinMode 함수의 문법은 다음과 같습니다.

```
pinMode(pin, mode)
```

- pin: 아두이노 보드의 핀 번호, LED_BUILTIN은 13번 핀으로 지정되어 있습니다.
- mode: 입력 핀으로 설정할 때는 'INPUT', 출력 핀으로 설정할 때는 'OUTPUT'을 입력합니다. 명령어들은 대소문자를 구분하며, 대문자를 써야 합니다.

해석하면 13번 핀을 출력 모드로 설정한다는 코드입니다. 13번 핀을 출력 모드로 설정한 이유는 무엇일까요?

아두이노 우노 보드 또는 대부분의 아두이노 보드는 디지털 13번 핀에 LED가 한 개 연결되어 있습니다. 13번 핀을 출력 모드로 설정해야 그 핀을 통해서 전류(신호)가 흐를 수 있고 연결되어 있는 LED와 같은 전자 부품들이 핀을 통해서 흘려진 전류에 따라 동작을 하게 되는 것입니다. 여러분들이 앞으로 사용하게 될 대부분의 전자 부품들은 출력 모드에서 동작하는 것이 많습니다. 그렇다면 만약 13번 핀을 입력 모드로 설정하면 어떻게 될까요?

출력모드일 때, 동작하던 LED는 동작하지 않습니다. 특정 핀이 입력 모드로 설정되면 해당 핀으로 들어오는 전류(신호)를 읽는 기능으로 동작합니다. 따라서 핀으로 들어오는 어떤 신호를 받아서 처리하는 동작을 만들 때 입력모드가 사용됩니다.

② `digitalWrite(LED_BUILTIN, HIGH);`

`digitalWrite` 함수는 디지털 입 · 출력 핀이 출력 모드로 설정되어 있을 때, 지정한 핀으로 전류(신호)를 출력합니다.

`digitalWrite` 함수의 문법은 다음과 같습니다.

```
digitalWrite(pin, value)
```

- `pin`: 전류(신호)를 출력할 핀 번호, `LED_BUILTIN`은 13번 핀으로 지정되어 있습니다.
- `value`: '`HIGH`' 또는 '`LOW`'를 입력합니다. `HIGH` 값은 해당 핀으로 5 V가 출력된다는 것이고, `LOW` 값은 0 V가 출력된다는 것입니다.

디지털	2진수	출력 전압	논리	스위치
HIGH	1	5 V	참(True)	ON
LOW	0	0 V	거짓(False)	OFF

digitalWrite 함수는 loop 함수 내에 선언되어 있으므로 무한 반복해서 실행되는 명령입니다. delay 함수를 제외하고 해석해 보면 loop 함수 내에서 13번 핀에 5 V 출력과 0 V 출력이 반복되고 있습니다. 13번 핀으로 5 V 전압이 출력되면 13번 핀에 연결되어 있는 LED가 켜집니다. 반대로 0 V 전압이 출력되면 LED는 꺼집니다.

③ delay(1000);

delay 함수는 지정된 시간만큼 지연시켜 줍니다. 즉, 지정된 시간만큼 지연된 후에 그 다음 줄의 명령문이 실행됩니다. delay 함수는 임의로 지연되도록 만들어진 함수가 아니기 때문에 비교적 정확한 시간으로 동작합니다.

delay 함수의 문법은 다음과 같습니다.

```
delay(ms)
```

- ms: 밀리초(ms, millisecond) 단위로 지연 시간을 설정합니다. 밀리초는 0.001초를 의미하기 때문에 1000 ms는 1초입니다.

delay 함수까지 포함해서 loop 함수 내의 명령문을 한 줄씩 해석해 보면 13번 핀으로 5 V 전압을 출력해서 LED를 켜고 1초간 그 상태가 유지되도록 하고, 13번 핀으로 0 V 전압을 출력해서 LED를 끄고 1초간 그 상태가 유지되도록 합니다. 따라서 Blink 스케치는 1초 간격으로 13번에 연결된 LED를 켜고 끄고를 무한 반복합니다.

LED가 점멸되는 시간을 변경해 보세요. 빠르게 점멸되도록 하려면 두 군데의 delay 함수에 입력되는 지연 시간을 1000보다 낮은 수를 쓰면 됩니다. 예를 들어 LED를 0.5초 간격으로 점멸되도록 하려면 delay(500);으로 수정하면 됩니다. 느리게 점멸되도록 할 때는 반대로 1000보다 높은 수를 입력하면 되겠지요?

만약 delay 함수가 아예 없거나, 매우 작은 값을 입력하면 LED가 켜졌다가 꺼지는 사이의 지연이 없어지거나 매우 짧은 지연 때문에 LED가 계속 켜져 있는 것처럼 보입니다. 이것은 잔상 효과(afterimage effect) 때문으로 사람의 눈이 너무 빨리 지나가는 빛의 자극을 구별하지 못하면서 경험하게 되는 것입니다.

여기까지는 실제 아두이노 우노 보드에서 LED가 동작하는 것을 보지 못한 상황입니다. [그림 1-28]처럼 아두이노 우노 보드와 컴퓨터는 연결이 되어 있어야 하고 컴퓨터에는 Blink 스케치가 열려 있어야 합니다. 아두이노 IDE 툴바의 업로드 아이콘()을 클릭해 줍니다.

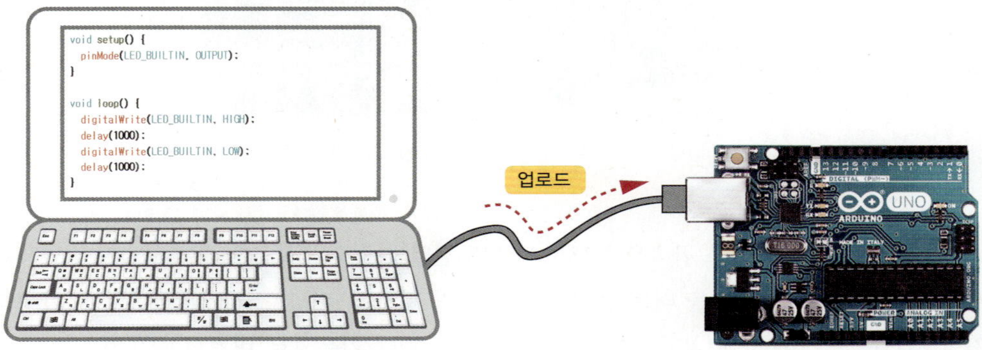

그림 1-28 아두이노와 컴퓨터 연결

프로그램 실행 파일이 업로드 완료되면, [그림 1-29]에 표시된 아두이노 우노 보드의 13번 LED가 1초 간격으로 깜박이는 것을 눈으로 확인할 수 있습니다.

여러분들이 아두이노 우노 보드를 동작시킬 때는 크게 두 가지 절차만 있습니다. 먼저 프로그램 코드를 작성하고, 아두이노 IDE에서 업로드 아이콘()을 클릭한 뒤에 제대로 동작되는지 확인하는 것입니다.

그림 1-29 아두이노 우노 보드의 13번 LED 점멸 확인

Blink 스케치를 통해서 1초 간격으로 13번 LED가 점멸되는 것을 확인한 뒤에 LED가 점멸되는 시간을 더 빠르게 하고 싶을 때는 앞에서 알려 드린 것처럼 Blink 스케치에서 `delay` 함수의 지연 시간을 변경하면 됩니다. 지연 시간을 변경한 뒤에 자동으로 변경된 코드가 적용되는 것이 아니기 때문에 다시 업로드 아이콘(➔)을 클릭해 줘야 변경된 프로그램 실행 파일이 아두이노 우노 보드에 적용됩니다.

스스로 13번 LED의 점멸 간격을 짧게 또는 길게 바꿔보세요.

1.6 아두이노 오류 스스로 해결하기

아두이노 IDE 출력 창에 오렌지색이 나타나면 컴파일하는 과정이나 업로드를 진행하는 과정에서 오류가 발생된 것입니다. 오류가 발생되면 아두이노 우노 보드에 프로그램 파일 업로드가 진행되지 않기 때문에 반드시 발생된 오류를 해결해 줘야 합니다. 그런데 발생될 수 있는 오류의 종류는 너무 많기 때문에 모두 알고 있을 필요는 없습니다.

[그림 1-30]과 같이 아두이노 IDE에서 제공되는 예제 스케치를 업로드하는 중에 발생되는 오류는 거의 USB 케이블이 빠져 있거나, COM 포트 연결에 문제가 발생된 것입니다. 업로드를 하다가 오류가 발생되면, 제일 먼저 USB 케이블이 아두이노 우노 보드와 컴퓨터 또는 노트북에서 빠져 있는지 확인하기 바랍니다. USB 케이블이 잘 연결되어 있는 상태였음에도 업로드 오류가 발생되었다면, USB 케이블을 한 번 뽑았다가 다시 꽂아보세요. 쉽게 문제가 해결될 수 있습니다.

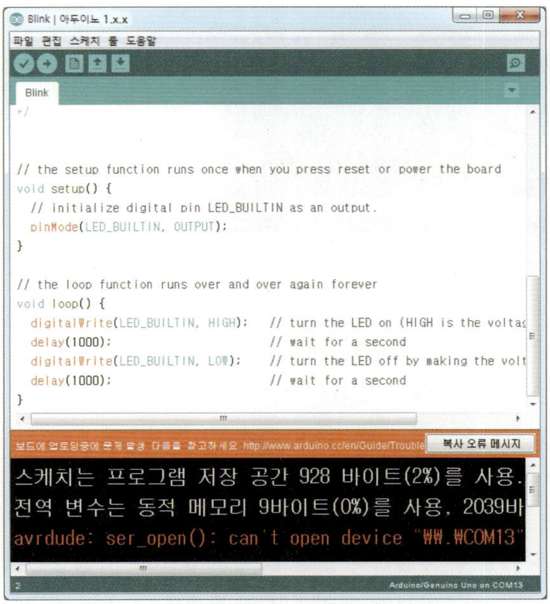

그림 1-30 보드에 업로딩 중에 문제 발생

만약 어떤 오류인지 스스로 해결하기 어려우면 인터넷에서 오류에 대한 검색을 해보는 것이 가장 빠릅니다. 아두이노 IDE 출력 창의 오류 메시지를 복사해서 검색하면 보다 쉽게 관련된 오류 내용을 확인할 수 있습니다.

아두이노 IDE 출력 창의 오른쪽에 '복사 오류 메시지' 버튼을 눌러서 발생된 오류 내용을 복사한 뒤에 메모장이나 한글, 워드 등과 같이 문서를 볼 수 있는 프로그램에서 붙여넣기해서 전체 오류 내용을 문서로 확인할 수 있습니다.

그 다음 많이 경험하게 될 오류는 아두이노 프로그램 코드를 작성하면서 만들어진 문법 오류입니다. 이 부분은 우선 아두이노 IDE의 출력 창에서 발생된 오류가 무엇인지 알려주고, [그림 1-31]처럼 발생된 위치 근처로 커서가 이동되면서 붉은색 하이라이트로 "오류가 이 근처에서 발생되었다."고 친절하게 알려 줍니다.

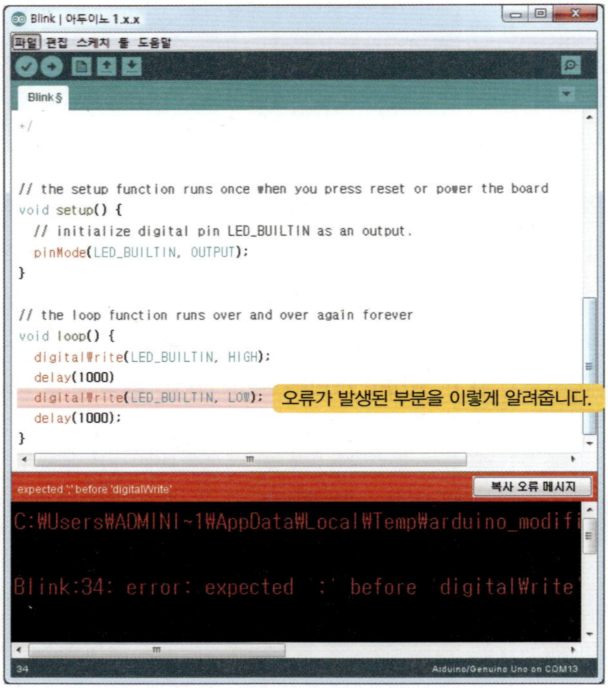

그림 1-31 컴파일 중에 문법 오류 발생

위 그림에서 확인된 오류는 delay 함수 뒤쪽에 세미콜론을 빠트려서 발생된 오류입니다. 세미콜론을 입력해준 뒤에 다시 컴파일 또는 업로드하면 오류는 발생되지 않습니다. 하지만 만약 오류가 여러 군데 있을 때는 발생된 오류를 모두 해결해 줘야 오렌지색 출력 창이 보이지 않겠지요?

업로드할 때마다 '두근두근' 심장이 떨리는 경험을 하지 않으려면 문법 때문에 오류가 발생되지 않도록 프로그램 코딩하는 시간을 조금씩 늘리고, 좋아하는 게임이나 장난감을 가지고 놀듯이 즐기길 바랍니다.

CHAPTER

02

전기 · 전자 기본 상식

여러분들이 아두이노를 사용하는 과정들은 전기 · 전자와 관련된 것들을 다루는 과정입니다. 그래서 자주 언급되는 용어들을 포함해서 기본적으로 알고 있으면 도움이 되는 것들을 본격적인 실습을 하기 전에 먼저 알아보겠습니다.

2.1 전기

전기(electricity)는 호박의 그리스어인 '일렉트론(Electron)'에서 나온 말입니다. 이것은 약 2500년 전 그리스의 철학자 탈레스가 털가죽에 호박을 문지르면서 주변의 가벼운 것들이 호박에 달라붙는 정전기 현상을 알게 되었고, 오랜 시간이 흐른 뒤 이런 정전기 현상을 전기라고 부르게 된 것입니다.

그림 2-1 매일 사용하는 모바일 장치

생활 속에서 전기 없이 동작하는 것을 보기 힘듭니다. 컴퓨터, 노트북, 세탁기, TV, 스마트폰 등 모두 전기가 있어야 동작을 합니다. 전기를 사용하는 장치들을 보면 모두 전선이나 USB

케이블 등으로 연결되어 있습니다. 그리고 가전제품처럼 전선에 연결되어 있는 것이 아닌 모바일(mobile) 장치들, 즉 스마트폰처럼 이동하면서 사용하는 장치들의 전기 공급원은 배터리에서 하고 있습니다. 결국 스마트폰도 내부의 배터리가 전선으로 연결되어 있기 때문에 이동하면서 사용할 수 있는 것입니다. 이렇게 전선과 같이 어떤 통로를 통해서 흐르는 전기를 전류라고 합니다.

전류는 수도관을 통해서 흐르는 물처럼 전선의 한쪽 방향으로 흐르게 되는데 양극(+)에서 음극(−)으로 흐른다고 약속되었습니다. 전류는 세기로 구분될 수 있으며 암페어(A)라는 단위로 전류의 세기를 표현합니다. 전기를 사용하는 장치들은 종류에 따라 흐르는 전류의 세기가 모두 다릅니다. 대부분의 장치들은 전류가 안전하게 흐를 수 있는 전류의 한도를 가지고 있는데, 이것을 허용 전류라고 합니다. 그렇다면 허용 전류를 무시하면 어떻게 될까요?

허용 전류를 무시하고 많은 전류를 흐르게 하면 전선에 불이 날 수도 있고 연결되어 있는 장치가 파손될 수도 있습니다.

아두이노 우노의 경우 입·출력 핀 하나당 20 mA(최대 40 mA)의 전류를 흘릴 수 있고, 사용되는 핀 전체의 전류가 최대 200 mA 이내로 흐르도록 제한되어 있습니다. 이것의 의미는 10개 핀에 각각 20 mA의 전류가 흐르게 하고, 추가적으로 다른 핀으로 전류를 흐르게 하면 문제가 발생될 수 있다는 것입니다.

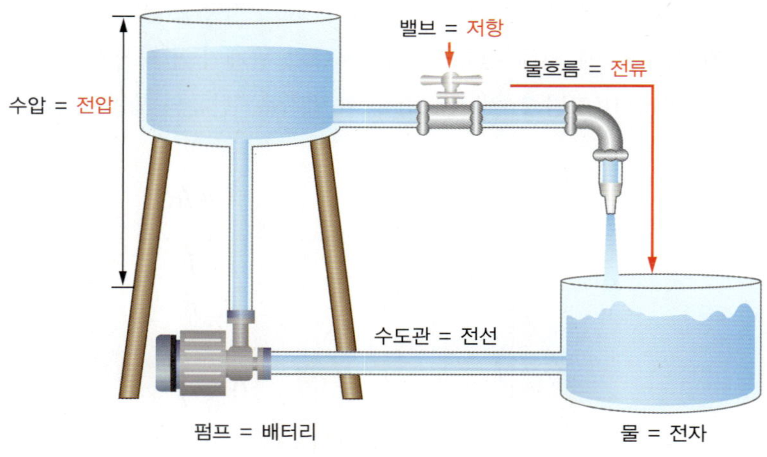

그림 2-2 전류, 전압, 저항의 개념

[그림 2-2]와 같이 물탱크의 높이가 다른 두 물통을 연결하면 수압의 차이로 높은 위치에 있는 물통에서 낮은 위치의 물통으로 물이 흐를 것입니다. 이때 수압 차이가 크면 물의 흐름은 빨라지고 수압 차이가 작으면 물의 흐름은 상대적으로 느려지겠지요? 이렇게 물탱크 속의 수압 차이처럼 배터리의 양극과 음극의 전위 차이를 전압이라고 합니다. 따라서 전압이 크다는 의미는 전기적 위치 에너지 차이를 의미하는 전위차가 크다는 것이고, 이것은 전류를 흐르게 하는 힘을 많이 가지고 있다는 것을 의미합니다.

전압의 단위는 볼트(V)를 사용합니다. 여러분들은 이미 가전제품들이 대부분 220 V에서 동작한다는 것을 알고 있고, 볼트라는 단위에 대해서 자주 들었을 것입니다.

아두이노 우노를 포함해서 대부분의 아두이노 보드들은 5 V 전압에서 동작합니다. 아두이노 우노의 권장 입력 전압은 7 V ~ 12 V입니다. 권장 입력 전압이 정해져 있는 것은 외부 전원을 통해서 7 V 이하의 전압이 공급되면 불안정해질 수 있고, 12 V 이상의 전압이 공급되면 아두이노 보드에 손상을 줄 수 있기 때문입니다.

전선 또는 회로를 통해서 전류가 흐를 때 전류의 흐름을 방해하는 것을 저항이라고 하며, 옴(Ω)이라는 단위를 사용합니다. [그림 2-2]와 같이 물탱크를 통해서 흐르는 물의 양을 줄이기 위해서는 밸브를 잠그면 됩니다. 밸브의 역할처럼 전류의 흐름은 저항으로 조절할 수 있습니다. 저항값은 전선의 재질과 굵기 그리고 길이에 따라 달라집니다.

전기 회로에 흐르는 전류의 세기는 전압에 의해 변할 수 있고, 저항에도 영향을 받습니다. 1827년 독일의 물리학자 옴(Ohm)에 의해 전류, 전압, 저항의 관계가 명확하게 밝혀졌고 이것을 '옴의 법칙'이라고 합니다([그림 2-3] 참조). 옴의 법칙은 "전류의 세기는 전압에 비례하고

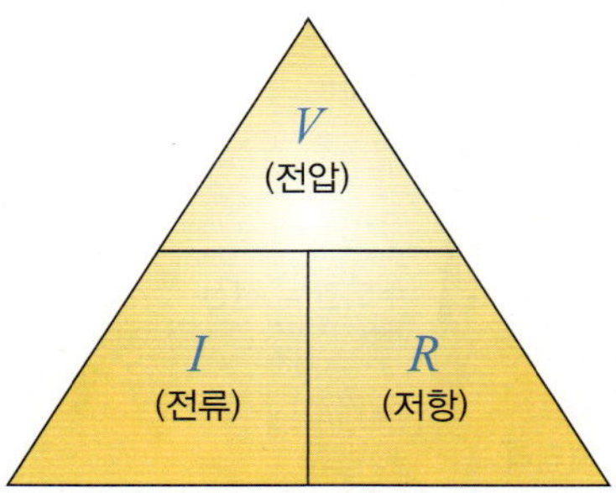

$$V = IR$$

$$I = \frac{V}{R}$$

$$R = \frac{V}{I}$$

그림 2-3 옴의 법칙

저항에 반비례한다."는 것입니다. 이들의 관계를 쉽게 기억할 수 있게 나타낸 공식이 [그림 2-3]에 있습니다.

2.2 저항기

저항을 얻기 위해서 사용하는 부품을 저항기(resistor)라고 하며, 일반적으로는 저항기라고 하지 않고 저항이라고 줄여서 부릅니다. 앞에서 저항은 전류의 흐름을 방해하는 역할을 가진다고 배웠습니다. 저항으로 전압을 제어하기도 하지만 아두이노를 실습할 때 종종 사용해야 하는 저항기는 회로에 적절한 전류가 흐르도록 하여 전자 부품을 보호하는 역할에 주로 사용합니다.

저항기의 종류는 크기와 형태, 재질 등에 따라 매우 다양하나 아두이노 실습에서 주로 사용하는 저항기는 보통 탄소피막 재질의 고정 저항기입니다. 특정 실습에 따라 가변 저항기라고도 하는 퍼텐쇼미터(potentiometer)를 사용해서 저항값을 임의로 변화시켜 주는 것이 필요할 때도 있습니다.

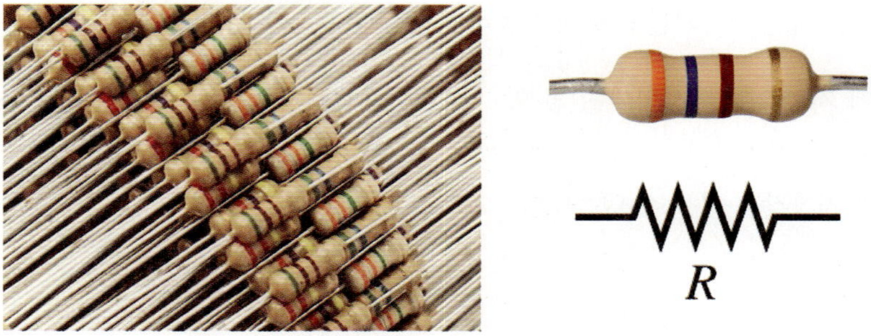

그림 2-4 고정 저항기와 저항 심벌

아두이노 우노 보드를 통해 LED 하나를 깜박이는 실습을 할 때 LED의 (+) 극에 저항기를 연결해 줍니다. 이때 저항기의 크기가 작으면 전류의 흐름이 방해를 덜 받기 때문에 LED 빛이 더 밝아질 것입니다. 하지만 저항을 사용하지 않는다고 LED가 점점 더 밝아지는 것이 아니고 사용된 LED의 허용 전류보다 큰 전류가 흐르게 되면 LED가 손상되는 문제가 발생될 수 있습니다. LED 외에도 대부분의 전자 부품에 전류를 공급할 때는 해당 부품에 허용된 전류가 적당히 흐르도록 적절한 용량의 저항기를 연결해야 합니다.

그렇다면 저항기의 크기를 어떻게 결정할 수 있는지 예를 들어보겠습니다. 어렵더라도 지금은 몰라도 괜찮기 때문에 참고만 하시면 됩니다. 왜냐하면 인터넷에서 저항기의 크기를 자동으로 계산하는 프로그램들이 많기 때문에 여러분들이 직접 계산할 필요는 없습니다.

3.3 V 전압에 20 mA(0.02 A)의 전류로 동작하는 LED 1개를 구성한 회로에서 저항기의 크기를 계산할 경우 다음과 같이 적용할 수 있습니다(공급 전압은 5 V로 가정).

$$\text{전압}(V) = \text{전류}(I) \times \text{저항}(R)$$

$$\text{저항}(R) = \frac{\text{전압}(V)}{\text{전류}(I)}$$

$$\text{저항} = \frac{(\text{입력전압} - (LED\ \text{공급전압} \times \text{연결개수}))}{LED\ \text{공급전류}}$$

$$\frac{(5\ \text{V} - (3.3\ \text{V} \times 1))}{0.02\ \text{A}} = 85\ \Omega$$

85 Ω의 저항기가 필요한 것을 확인할 수 있습니다. 이 계산 결과값을 통해서 85 Ω의 저항기나 비슷한 저항값을 가진 저항기를 회로에 사용하면 됩니다.

저항기 자체에 저항값이 표시되어 있지 않기 때문에 어떤 저항값을 가진 것인지 구분할 수 있으면 도움이 될 것입니다. 저항값을 눈으로 구분할 때는 저항기에 그려져 있는 색 띠의 개수와 색으로 저항값을 읽을 수 있습니다.

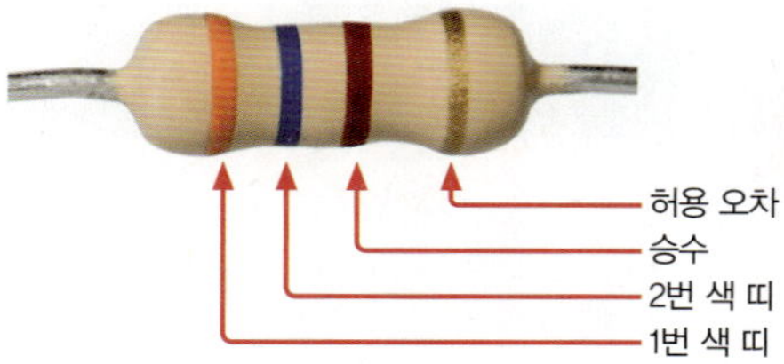

[저항 값]

주황	파랑	갈색	금색
3	6	1	± 5 %

= 360 Ω (± 5 % 오차)

그림 2-5 저항기의 값을 읽는 방법

표 2-1 저항값 테이블

색상	1번 색띠	2번 색띠	3번 색띠	승수	허용 오차
검정	0	0	0	1 Ω	
갈색	1	1	1	10 Ω	± 1 %
빨강	2	2	2	100 Ω	± 2 %
주황	3	3	3	1000 Ω	
노랑	4	4	4	10000 Ω	
초록	5	5	5	100000 Ω	± 0.5 %
파랑	6	6	6	1000000 Ω	± 0.25 %
보라	7	7	7	10000000 Ω	± 0.10 %
회색	8	8	8	100000000 Ω	± 0.05 %
흰색	9	9	9		
금색				0.1	± 5 %
은색				0.01	± 10 %
무색					± 20 %

2.3 브레드보드

아두이노를 실습할 때는 다양한 전자 부품들을 연결하는 작업을 반복적으로 하게 됩니다. 이때 부품들을 납땜으로 연결하지 않고 회로를 쉽게 구성할 수 있는 브레드보드(breadboard)를 사용합니다. 브레드보드를 빵판이라고 부르기도 합니다.

브레드보드는 크기별로 다양한 종류가 있으나 아두이노 실습 초기에는 큰 회로를 구성하는 작업이 많지 않기 때문에 저렴한 미니 브레드보드를 사용해도 괜찮습니다. 미니 브레드보드의 경우는 가로 줄로 길게 연결된 소켓이 없지만 중간 크기 이상의 브레드보드는 내부적으로 가로로 길게 연결된 소켓이 브레드보드의 아래쪽과 위쪽에 있습니다. 이렇게 길게 연결된 가로 줄의 경우 비교적 큰 회로를 구성할 때 유용하게 사용할 수 있으며, 한 줄에는 전원(+) 또 다른 한 줄에는 접지(–)를 연결하여 각각의 가로 줄 전체를 전원과 접지 용도로 사용합니다.

음극(–) = 접지 = 그라운드 = GND = Ground

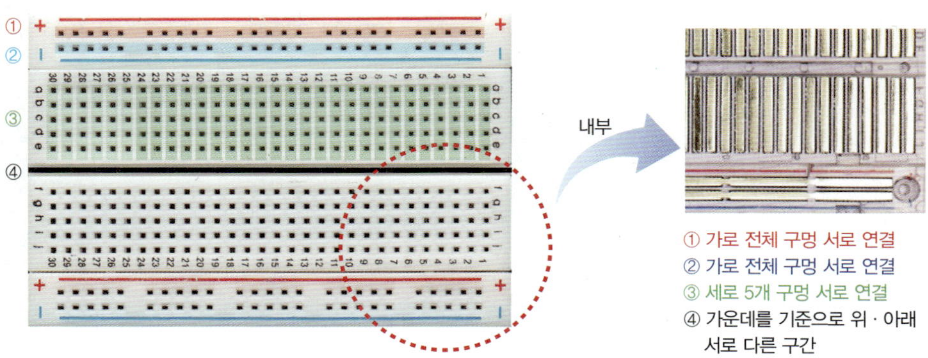

그림 2-6 브레드보드 구조

브레드보드를 이용한 몇 가지 사용 예를 보겠습니다.

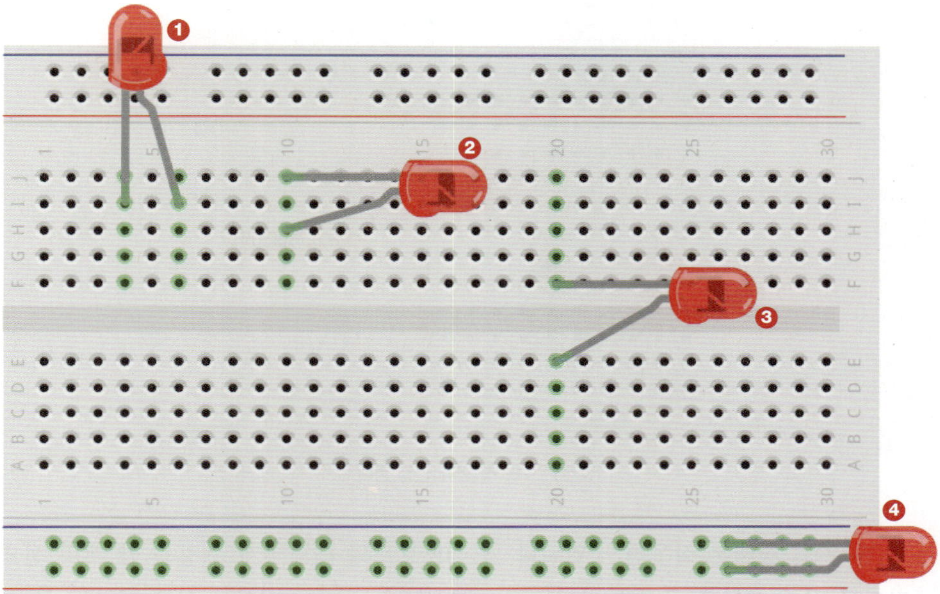

그림 2-7 브레드보드에 부품 연결 방법

잘못된 연결을 찾으셨나요? 잘못된 연결을 바로 찾았다면 앞에서 설명된 브레드보드의 구조를 정확하게 이해하고 있는 것입니다. [그림 2-7]의 네 가지 연결 예를 하나씩 보겠습니다.

① 첫 번째 연결 형태로 사용할 경우 다른 부품을 [그림 2-8]과 같이 연결할 수 있습니다.

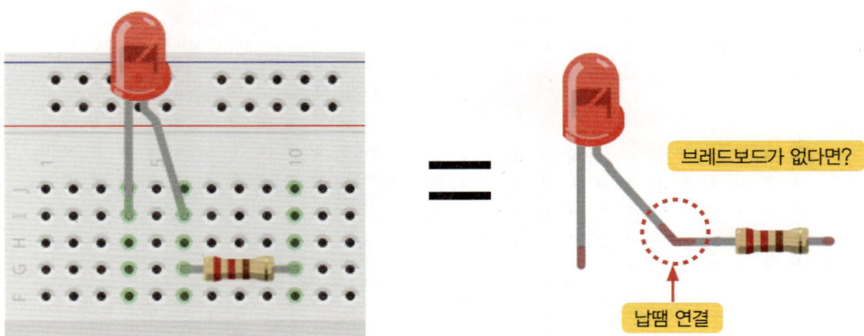

그림 2-8 첫 번째 연결 형태

② 두 번째 연결 형태는 잘못된 것입니다. 브레드보드의 세로 5개 구멍은 한 개의 선으로 연결되어 있기 때문에 극성을 가지는 두 개의 LED 다리는 전기가 서로 통하는 한 개의 선에 연결된 것입니다. 이런 상태를 합선(short circuit)이라 하며, 만약 전기를 공급하면 부품이나 아두이노 보드가 파손되기 때문에 주의해야 합니다.

③ 세 번째 연결 형태로 사용할 경우 다른 부품을 [그림 2-9]와 같이 연결할 수 있습니다.

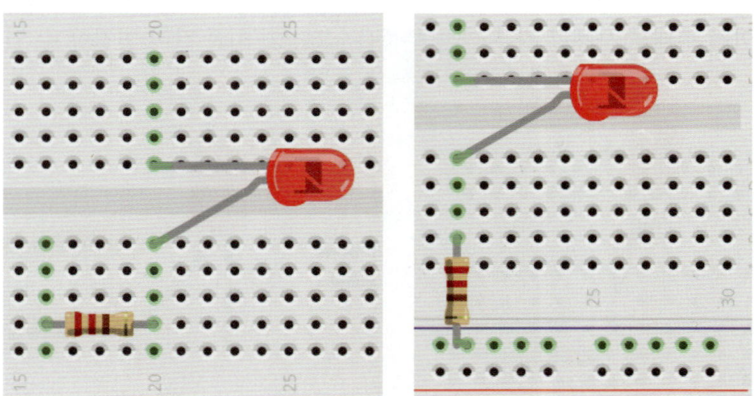

그림 2-9 세 번째 연결 형태

④ 네 번째 연결 형태는 브레드보드의 가로 줄에 꽂은 방식인데 일반적으로 잘 사용하지 않지만 가능한 방법입니다. 부품을 [그림 2-10]과 같이 연결할 수 있습니다.

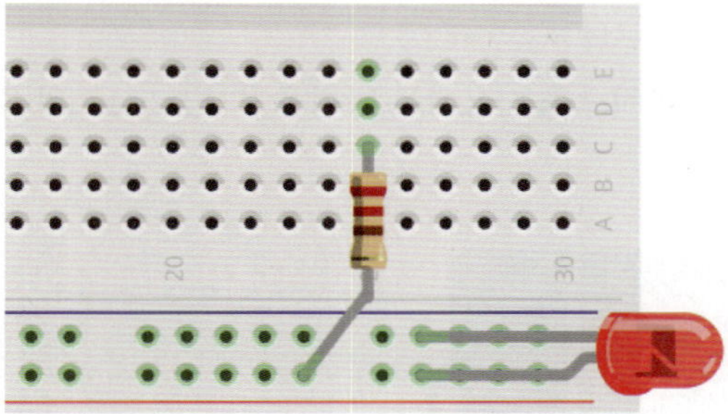

그림 2-10 네 번째 연결 형태

아두이노 실습 시 다리가 많은 전자 부품을 연결할 때 어떻게 연결해야 하는지 보겠습니다. 시프트레지스터 기능을 가진 74HC595 칩(IC, Integrated Circuit)은 16개의 다리(핀)를 가지고 있습니다. 16개의 다리는 모두 다른 기능을 가지고 있기 때문에 브레드보드에 연결할 때 아무 생각 없이 빈 공간에 꽂으면 안 됩니다([그림 2-11] 참조).

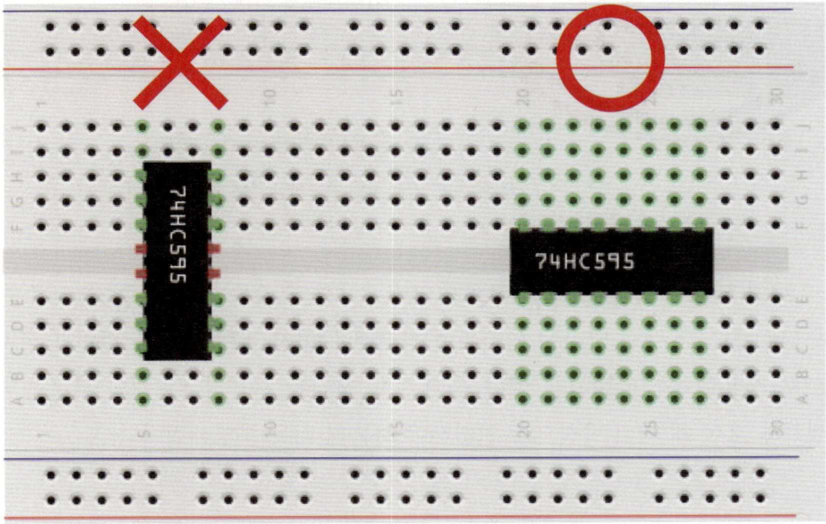

그림 2-11 여러 개의 다리를 가진 부품 연결 형태

74HC595 칩을 세로로 꽂게 되면 몇 개의 다리는 같은 선에 연결되고, 일부 다리는 공중에 떠 있는 상태가 됩니다. 따라서 모든 다리가 독립적인 역할로 활용될 수 있도록 [그림 2-11]의 오른쪽처럼 꽂아 줘야 합니다.

브레드보드의 가로 줄을 효율적으로 사용하는 방법은 [그림 2-12]와 같습니다.

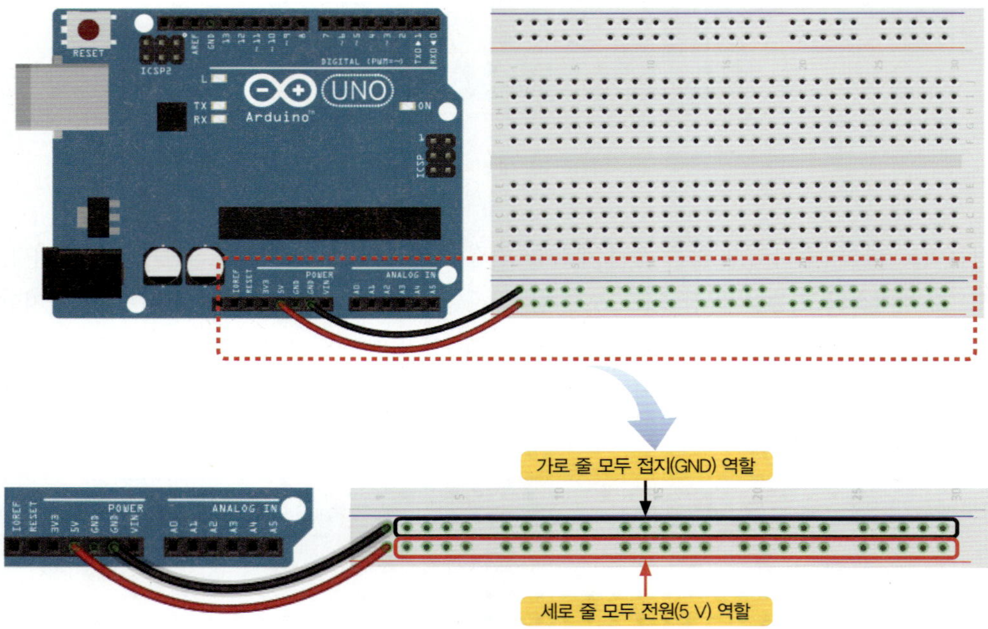

그림 2-12 브레드보드 가로 줄의 효율적인 사용 예

[그림 2-12]와 같이 아두이노 우노 보드의 전원(5 V)과 그라운드 또는 접지(GND) 핀을 각각 브레드보드의 가로 줄 구멍 하나에 연결하면 가로선 나머지 구멍 모두를 전원과 접지 역할을 하는 용도로 사용할 수 있습니다. 예를 들면 5 V 전원을 사용하는 8개의 부품을 연결해야 한다고 생각해 보면 왜 이런 방식으로 연결해야 하는지 더욱 분명해집니다.

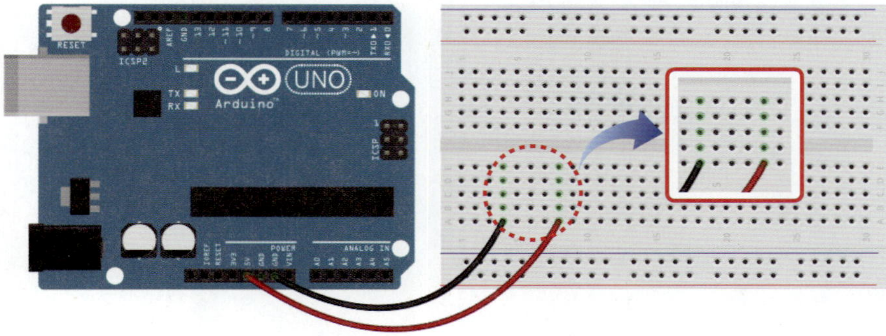

그림 2-13 브레드보드 세로 줄 사용 예

[그림 2-13]과 같이 브레드보드의 세로 줄에 전원과 접지를 연결하는 방법도 있습니다. 이 역시 확장된 것입니다. 그런데 5 V 전원을 사용하는 부품을 8개 추가할 수는 없겠지요? 나머지 4개의 구멍만 남기 때문에 전원과 접지를 사용하는 부품을 각각 4개까지는 연결할 수 있습니다.

그리고 브레드보드에 부품들을 모두 연결한 뒤에 전원용 케이블 또는 접지용 케이블을 가장 마지막에 연결해 주도록 하고, 부품들을 중간에 변경할 때는 전원 케이블 또는 접지 케이블 중 하나를 뽑아서 전기가 통하지 않는 상태에서 부품 연결을 하는 것이 좋습니다.

다음 [그림 2-14]와 같이 아두이노 보드의 전원과 접지를 브레드보드의 같은 선에 연결하는 것과 같은 상황을 만들지 않도록 주의합니다.

그림 2-14 잘못된 연결

CHAPTER

03

LED 가지고 놀기

3.1 LED 소개

LED(Light Emitting Diode)는 빛을 내는 다이오드를 말합니다. LED는 발광 다이오드라고도 하며, 전기 에너지를 빛으로 변환해주는 대표적인 반도체 소자입니다.

그림 3-1 여러 가지 색깔의 램프형 LED

다양한 색깔의 고휘도(high brightness) LED가 개발된 이후부터 최근까지 LED의 활용 분야는 지속적으로 확대되고 있습니다. LED는 주변의 가로등, 전광판, 신호등, 실내 및 실외 조명 등 대부분의 산업분야에서 기존의 형광등이나 백열전구를 대신해 활용되고 있습니다.

LED를 활용하는 분야 및 수요가 급격하게 증가한 것은 소비 전력이 작아서 에너지 효율이 높고, 1만 시간 이상의 긴 수명, 낮은 전압 사용 등의 장점이 많기 때문입니다.

아두이노 실습 시 주로 사용되는 LED는 [그림 3-1]과 같이 길이가 다른 두 개의 다리를 가진 램프형이며 다양한 색깔을 선택할 수 있습니다.

전기가 공급되는 전선 역할을 하는 부품의 다리는 리드선(lead wire)이라고 하는데, 다리의 길이가 다르면 대부분 그 부품은 극성을 가지고 있다고 생각하면 됩니다. 따라서 전원과 접지 연결을 할 때 주의해야 합니다.

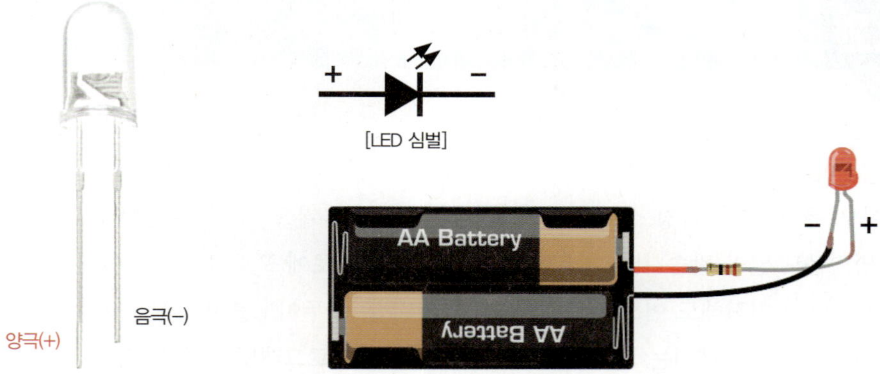

그림 3-2 LED 극성과 배터리 연결

[그림 3-2]와 같이 다리를 가진 LED는 다리의 길이를 보고 (+)극과 (-)극을 구분합니다. (+)극으로 전원이 공급되어야 하고, (-)극으로는 접지를 연결하면 됩니다.

[그림 3-2]의 오른쪽 그림처럼 배터리를 사용해서 LED를 켜는 경우 어떻게 연결을 구성해야 하는지 알 수 있습니다. 배터리에 연결된 LED를 끌 때는 배터리에서 전원 공급이 되지 않도록 (+) 또는 (-) 단자 부분의 연결을 해제해야 합니다. 아두이노와 같은 도구를 활용하면 됩니다.

3.2 스스로 LED 켜보기

아두이노 통합 개발 환경 설정을 진행하면서 아두이노 우노 보드의 13번 LED를 켜보고, 기본 명령문도 알아 봤습니다. 처음에는 매우 간단한 회로에 프로그래밍 언어에 대한 지식도 없는 상태에서 시작해도 어느 정도 따라할 수 있지만, 아두이노를 이용한 근사한 프로젝트를 직접 만들어보기 위해서는 처음 한글을 배울 때처럼 프로그래밍 언어를 직접 코딩해보면서 익혀야 합니다. 무엇보다도 다양한 실습들을 직접해보는 것이 매우 중요합니다.

한 개의 LED를 자유롭게 제어하는 방법을 완벽히 이해하면 여러 개의 LED도 응용해서 자유롭게 제어할 수 있습니다.

한 개의 LED 켜보기

한 개의 LED를 정해진 시간 간격으로 깜박이게 하는 실습입니다.

① 준비 부품들

부품명	아두이노 우노	브레드보드	점퍼 케이블	330 Ω 저항	LED
이미지		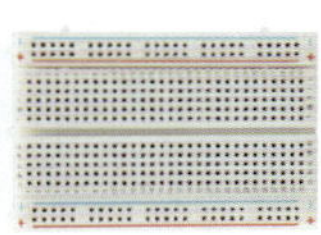			
수 량	1	1	2	1	1

② 부품 연결

좋아하는 색깔의 LED 한 개를 브레드보드의 세로 선에 연결하고, LED의 긴 다리 쪽에 저항을 연결한 뒤 아두이노 우노 보드의 13번 핀에 연결하고, 짧은 다리 쪽은 아두이노 우노 보드의 GND 핀에 연결해 줍니다.

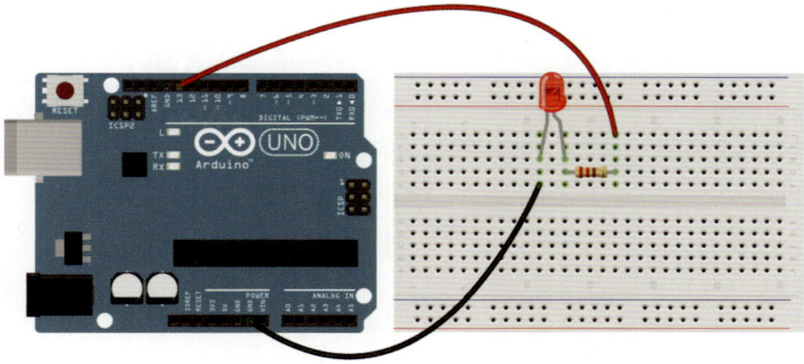

그림 3-3 한 개의 LED 연결 회로

③ **프로그램 코드**

프로그램 코드는 아두이노 IDE에서 작성하면 됩니다. 프로그램 코드를 보면 아두이노 IDE에서 기본적으로 제공되는 Blink 스케치라는 것을 알 수 있습니다. Blink 스케치를 불러오면 된다는 것을 알고 있지만, 직접 코딩해 보기 바랍니다.

프로그램 코드가 정확하게 입력되었다면 아두이노 IDE에서 업로드 아이콘을 클릭해 줍니다.

```
void setup()
{
   pinMode (13, OUTPUT);
}

void loop()
{
   digitalWrite (13, HIGH);
   delay (1000);
   digitalWrite (13, LOW);
   delay (1000);
}
```

④ **프로그램 코드 해석**

【setup 함수】

```
// setup 함수는 보드에 전원 공급 또는 리셋 버튼을 눌렀을 때 한 번 실행
void setup()
{
    pinMode (13, OUTPUT);                         // 13번 핀을 출력으로 설정
}
```

pinMode 함수로 13번 핀을 출력으로 설정합니다. 만약 LED의 (+)극을 12번 핀에 연결했다면 pinMode (12, OUTPUT); 으로 해당 핀 번호로 변경해 주면 됩니다. 아두이노 우노 보드에 연결된 회로를 변경하면 프로그램 코드도 그에 맞게 정확하게 변경해 줘야 동작한다는 것을 잊으면 안 됩니다.

【loop 함수】

```
// loop 함수는 전원이 켜져 있는 동안 무한 반복 실행
void loop()
{
    digitalWrite (13, HIGH);                      // 13번 핀에 HIGH 설정. LED 켜짐
    delay (1000);                                 // 1000 ms(1초)동안 대기(시간 지연)
    digitalWrite (13, LOW);                       // 13번 핀에 LOW 설정. LED 꺼짐
    delay (1000);                                 // 1000 ms(1초)동안 대기(시간 지연)
}
```

loop 함수 내의 명령문은 위에서 아래로 순서대로 실행한 뒤에 다시 처음으로 올라가 실행되는 것을 무한 반복합니다. digitalWrite 함수는 디지털 입 · 출력 핀이 출력 모드로 설정되어 있을 때, 지정한 핀으로 5 V(HIGH) 또는 0 V(LOW) 전압을 출력합니다. delay 함수는 밀리초 단위로 시간을 지연시키는 역할을 합니다. 따라서 13번 핀에 연결된 LED가 1초 간격으로 켜졌다 꺼졌다 반복합니다.

$$\text{밀리초} = \text{ms} = 10^{-3}\text{초} = \frac{1}{1000}\text{초} = 0.001\text{초}$$

`delay` 함수의 지연시간을 빠르게 또는 느리게 변경해 보세요.

동시에 세 개 LED 깜박이기

① 준비 부품들

부품명	아두이노 우노	브레드보드	점퍼 케이블	330 Ω 저항	LED
이미지		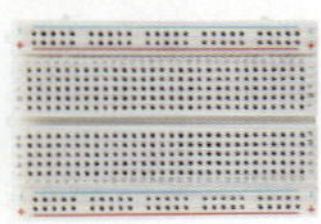			
수 량	1	1	4 ~ 7	3	3

② 부품 연결

좋아하는 색깔의 LED 세 개를 [그림 3-4(b)]와 같이 연결해줍니다. [그림 3-4(a)]처럼 연결해도 상관없고 다른 방식으로 연결할 수도 있습니다. 그러나 LED의 짧은 다리를 접지에 연결할 때 브레드보드의 가로선을 잘 활용하면 연결해야 하는 점퍼 케이블 수를 많이 줄일 수 있습니다.

왼쪽 LED부터 아두이노 우노 보드의 12번, 11번, 10번 핀에 각각 연결해 줍니다.

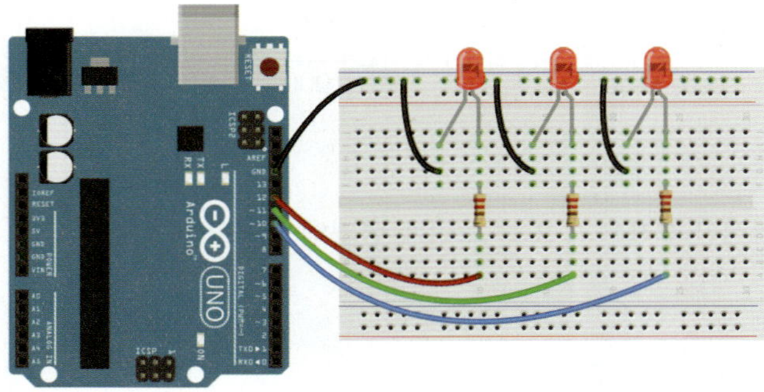

(a) 브레드보드 가로선 GND에 점퍼케이블로 LED 짧은 다리 각각 연결

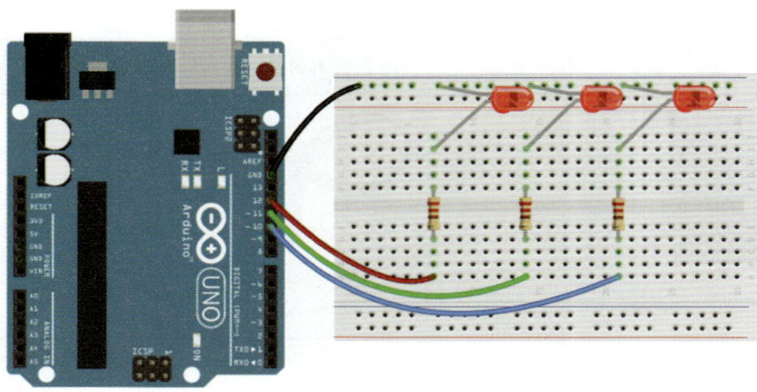

(b) 브레드보드 가로선 GND에 LED 짧은 다리 바로 연결

그림 3-4 두 가지 방법으로 세 개의 LED를 연결한 회로

③ 프로그램 코드

아두이노 우노 보드에서 사용된 핀과 연결된 LED의 개수가 변경되었기 때문에 프로그램 코드도 당연히 변경되어야 합니다.

동시에 세 개의 LED가 1초 간격으로 점멸되도록 합니다.

```
void setup()
{
   pinMode (12, OUTPUT);
   pinMode (11, OUTPUT);
   pinMode (10, OUTPUT);
}
```

```
void loop()
{
    digitalWrite (12, HIGH);
    digitalWrite (11, HIGH);
    digitalWrite (10, HIGH);
    delay (1000);
    digitalWrite (12, LOW);
    digitalWrite (11, LOW);
    digitalWrite (10, LOW);
    delay (1000);
}
```

④ 프로그램 코드 해석

【setup 함수】

```
void setup()
{
    pinMode (12, OUTPUT);                    // 12번 핀을 출력으로 설정
    pinMode (11, OUTPUT);                    // 11번 핀을 출력으로 설정
    pinMode (10, OUTPUT);                    // 10번 핀을 출력으로 설정
}
```

pinMode 함수로 사용된 12번, 11번, 10번 핀을 모두 출력으로 설정합니다. 물론 어떤 핀을 먼저 설정해야 한다는 규칙도 없고, 원한다면 다른 디지털 핀을 사용해도 상관없습니다. 다만 연결 회로와 프로그램 코드를 정확하게 정의할 수 있으면 됩니다.

【loop 함수】

```
void loop()
{
    digitalWrite (12, HIGH);                 // 12번 핀에 연결된 LED 켜짐
    digitalWrite (11, HIGH);                 // 11번 핀에 연결된 LED 켜짐
    digitalWrite (10, HIGH);                 // 10번 핀에 연결된 LED 켜짐
    delay (1000);                            // 1초 동안 대기
```

```
    digitalWrite (12, LOW);                      // 12번 핀에 연결된 LED 꺼짐
    digitalWrite (11, LOW);                      // 11번 핀에 연결된 LED 꺼짐
    digitalWrite (10, LOW);                      // 10번 핀에 연결된 LED 꺼짐
    delay (1000);                                // 1초 동안 대기
}
```

12번 핀, 11번 핀, 10번 핀에 5 V를 출력하면서 세 개의 LED가 동시에 켜집니다. 그리고 그 상태를 1초간 지연했다가 0 V를 출력하여 세 개의 LED를 동시에 끄고 1초간 지연됩니다.

loop 함수의 프로그램 코드를 다음과 같이 코딩하는 것도 괜찮습니다. 다만 초보일 때는 가독성이 떨어져 프로그램 코드의 의미를 해석하기 어려울 수 있으니 참고만 하세요.

```
void loop()
{
    digitalWrite (12, HIGH); digitalWrite (11, HIGH); digitalWrite (10, HIGH);
    delay (1000);
    digitalWrite (12, LOW);  digitalWrite (11, LOW);  digitalWrite (10, LOW);
    delay (1000);
}
```

⑤ 프로그램 코드 스타일 변경과 아두이노 기본 문법 이해하기

아두이노 우노 보드의 핀 번호를 프로그램 코드에 직접 반영하는 것은 전혀 문제가 되지 않으나, 아두이노에서 제공되는 스케치나 인터넷에서 참고해야 하는 프로그램들을 보면 C/C++ 언어를 기반으로 하는 아두이노 기본 문법을 이해하고 있어야 전체 프로그램 코드의 동작을 이해할 수 있는 것이 대부분입니다.

실제 똑같은 동작을 하는 프로그램을 어떤 사람이 코딩했는가에 따라 프로그램 코드는 매우 다양하게 표현될 수 있습니다. 따라서 여러분들은 프로그램 코드가 변경되더라도 그 의미를 해석할 수 있는 단계까지 실력을 쌓아야 다른 사람들이 공유한 프로젝트를 수정하고 덧붙여서 나만의 프로젝트로 만들 수 있습니다. 지금 당장은 아니더라도 아두이노에서 요구하는 기본적인 문법은 이해하고 있는 것이 좋습니다.

앞의 실습과 똑같은 동작을 하는 다른 스타일의 프로그램 코드를 보겠습니다.

```
int led1 = 12;                      // 12번 핀을 led1 변수로 설정
int led2 = 11;                      // 11번 핀을 led2 변수로 설정
int led3 = 10;                      // 10번 핀을 led3 변수로 설정

void setup()
{
   pinMode (led1, OUTPUT);          // 12번 핀을 출력으로 설정
   pinMode (led2, OUTPUT);          // 11번 핀을 출력으로 설정
   pinMode (led3, OUTPUT);          // 10번 핀을 출력으로 설정
}

void loop()
{
   digitalWrite (led1, HIGH);       // 12, HIGH
   digitalWrite (led2, HIGH);       // 11, HIGH
   digitalWrite (led3, HIGH);       // 10, HIGH
   delay (1000);
   digitalWrite (led1, LOW);        // 12, LOW
   digitalWrite (led2, LOW);        // 11, LOW
   digitalWrite (led3, LOW);        // 10, LOW
   delay (1000);
}
```

어디가 변경되었나요?

앞서 배운 예제들은 명령문에 핀 번호를 직접 지정하였지만, 위의 예제는 변수를 선언한 뒤에 핀 번호를 각각 지정하고 사용하는 방식으로 코드 스타일을 바꾼 것입니다. led1 변수는 12번 핀으로, 그리고 led2 변수에 11번 핀을, led3 변수에 10번 핀을 선언했습니다.

위 예제를 통해 아두이노 기본 문법에서 자료형(data type)과 변수(variable)라는 개념이 사용되었는데 자료형과 변수의 개념을 알아보겠습니다.

가. 변수

변수는 프로그램에서 임의의 값을 일시적으로 저장하는 공간을 말하며, 변수 값은 언제든지 변경될 수 있습니다. 그리고 프로그램에서 사용되는 모든 변수는 사용되기 전에 반드시 먼저 선언되어야 합니다.

변수를 선언한다는 것은 메모리에 그 변수 이름을 가진 공간을 만든다는 것이고, 변수를 선언한 뒤 그 변수의 이름을 통해서 값을 저장, 변경, 참조할 수 있습니다. 변수의 이름을 만들 때는 예약된 키워드와 표준 함수명을 사용하면 안 되고, 대소문자를 구분하는 알파벳을 자유롭게 쓸 수 있으나 숫자를 맨 앞에 위치시키는 변수 선언은 안 됩니다.

좀 더 쉽게 설명하면 변수는 빈 그릇으로 비유할 수 있습니다([그림 3-5] 참조). 요리한 음식을 담으려면 미리 빈 그릇을 준비해야 하고, 그릇을 비우면 또 다른 음식을 담을 수 있는 것처럼 변수도 지정된 메모리 공간에 값을 자유롭게 저장하고 변경할 수 있습니다. 그리고 그릇에 어떤 음식이 담기느냐에 따라서 국그릇, 밥그릇이라고 하듯이 변수를 선언하면서 만들어진 변수명으로 메모리에 할당된 임의의 공간을 사용하게 됩니다.

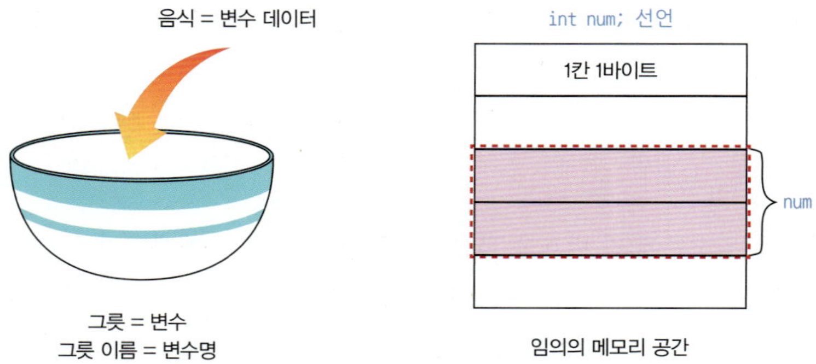

그림 3-5 변수 개념과 메모리 공간 할당

그릇의 크기에 따라 담을 수 있는 음식의 양이 달라지는 것처럼 변수가 저장되는 메모리의 크기를 결정하는 역할은 자료형이 합니다.

나. 자료형

변수는 크게 정수형과 실수형으로 구분할 수 있습니다. 정수형 변수는 소수점이 없는 수를 저장하기 위한 메모리 공간이고, 실수형 변수는 소수점이 있는 수를 저장하기 위한 메모리 공간을 말합니다. 이렇게 정수형 변수와 실수형 변수와 같이 데이터의 크기(메모리의 크기)와 형식을 결정짓는 것을 **자료형** 또는 **데이터 타입**이라고 합니다.

아두이노 우노 보드는 8비트 마이크로컨트롤러 ATmega328P를 사용하므로 자료형의 메모리 크기가 32비트를 사용하는 마이크로컨트롤러와 다른 크기로 할당됩니다. 자주 쓰는 자료형으로는 char, byte, int, float, double이며, 이 중에서 int와 double 자료형의 메모리 크기가 다르게 할당됩니다. 예를 들면 아두이노 우노 보드에서 int 자료형은 2바이트의 메모리 공간이 할당되지만, 32비트 마이크로컨트롤러가 장착된 아두이노 두에, MKR1000 등의 보드에서는 4바이트의 메모리 공간이 할당됩니다.

변수를 사용하기 전에 변수명 앞에 반드시 자료형을 먼저 선언해야 합니다. 선언된 자료형에 따라 변수에 담을 수 있는 값의 범위도 달라집니다. 예를 들면 char 자료형으로 선언된 변수에 저장되는 값의 범위는 −128 ~ +127까지인데 프로그램으로 처리된 결과값이 이 범위를 넘게 되면 데이터가 손실되거나 오류가 발생됩니다. 그리고 처리되는 데이터가 소수점까지 표현이 되어야 할 때는 정수형 자료형을 사용하면 안 됩니다. 만약 실수형으로 처리해야 하는데 정수형으로 처리하면, 그 데이터는 소수점 값을 표현하지 못하게 됩니다. 따라서 변수가 어떤 데이터를 처리하는지에 따라 그에 알맞은 자료형을 잘 선언해야 합니다.

다음은 아두이노 우노 보드와 관련된 자료형의 종류입니다.

표 3-1 정수형

자료형	메모리 크기	형식	값의 범위
char	1 byte	문자형	−128 ~ +127
byte	1 byte	부호 없음	0 ~ 255
short	2 byte		−32,768 ~ +32,767
unsigned short	2 byte	부호 없음	0 ~ 65,535
int	2 byte		−32,768 ~ +32,767
unsigned int	2 byte	부호 없음	0 ~ 65,535
long	4 byte		−2,147,483,648 ~ +2,147,483,647
unsigned long	4 byte	부호 없음	0 ~ 4,294,967,295

표 3-2 실수형

자료형	메모리 크기	형식	값의 범위
float	4 byte		±1.175e−38 ~ ±3.402e38
double	4 byte		±1.175e−38 ~ ±3.402e38

표 3-3 논리형

자료형	메모리 크기	형식	값의 범위
boolean	1 byte	논리형	참(true) 또는 거짓(false)

※ 자료형과 변수의 선언 예

```
int num;             // 정수를 저장하기 위한 num 변수 선언
float avg;           // 실수를 저장하기 위한 avg 변수 선언
int num, sum;        // 동일한 자료형일 경우 콤마(,) 연산자를 사용하여 여러 개의
                     // 변수를 한 번에 선언할 수 있습니다.
char ch = ‘a’        // 한 문자를 저장하기 위한 ch 변수에 문자상수 ‘a’ 저장
float pi = 3.14      // 실수를 저장하기 위한 pi 변수에 숫자상수 3.14 저장
```

차례대로 LED 깜박이기

① 준비 부품들

부품명	아두이노 우노	브레드보드	점퍼 케이블	330 Ω 저항	LED
이미지		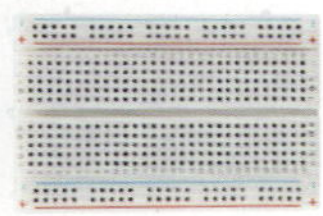			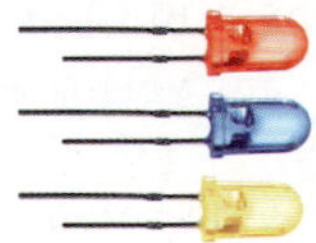
수 량	1	1	4	3	3

② 부품 연결

다른 색깔의 LED 세 개를 [그림 3-6]과 같이 연결해 줍니다. 예제와 다른 색깔의 LED를 사용해도 괜찮고, LED 연결 방식을 다르게 해도 상관없습니다. 다만 프로그램 코드에 의해서 HIGH/LOW 신호가 전달되는 LED의 긴 다리 쪽의 핀 번호를 바꾸면, 그에 맞게 프로그램 코드도 변경해야 하기 때문에 핀 번호는 그림과 동일한 핀을 사용합니다.

빨간색 LED는 아두이노 우노 보드의 11번 핀에, 그리고 파란색 LED는 10번 핀에, 노란색 LED는 9번 핀에 연결해 줍니다.

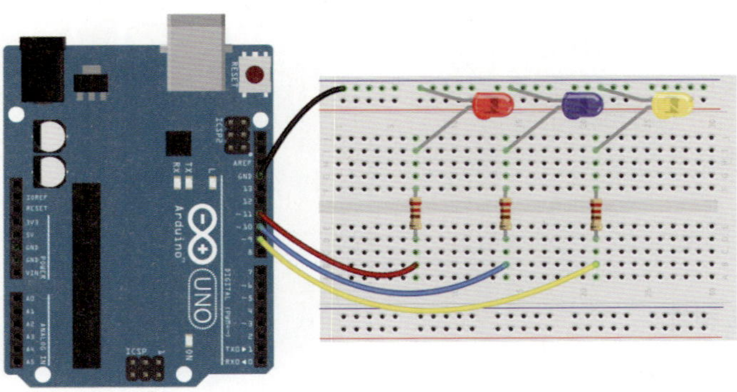

그림 3-6 다른 색깔의 LED 세 개 연결

③ 프로그램 코드

세 개의 LED가 1초 또는 적당한 시간 간격으로 하나씩 차례대로 점멸되도록 합니다.

```
int redLed = 11;
int blueLed = 10;
int yellowLed = 9;

void setup()
{
   pinMode (redLed, OUTPUT);
   pinMode (blueLed, OUTPUT);
   pinMode (yellowLed, OUTPUT);
}

void loop()
{
   digitalWrite (redLed, HIGH);
   delay (500);
   digitalWrite (redLed, LOW);
   delay (500);

   digitalWrite (blueLed, HIGH);
   delay (500);
   digitalWrite (blueLed, LOW);
   delay (500);

   digitalWrite (yellowLed, HIGH);
   delay (500);
   digitalWrite (yellowLed, LOW);
   delay (500);
}
```

④ 프로그램 코드 해석

【변수 선언】

```
int redLed = 11;                    // 빨간색 LED 11번 핀에 연결
int blueLed = 10;                   // 파란색 LED 10번 핀에 연결
```

```
int yellowLed = 9;                      // 노란색 LED 9번 핀에 연결
```

변수를 선언할 때는 그 변수가 어떤 역할을 하는지 변수명만 봐도 알 수 있도록 선언하는 것이 좋습니다.

【setup 함수】

```
void setup()
{
   pinMode (redLed, OUTPUT);            // 11번 핀을 출력으로 설정
   pinMode (blueLed, OUTPUT);           // 10번 핀을 출력으로 설정
   pinMode (yellowLed, OUTPUT);         // 9번 핀을 출력으로 설정
}
```

pinMode 함수로 사용된 11번, 10번, 9번 핀을 모두 출력으로 설정합니다.

【loop 함수】

```
void loop()
{
   digitalWrite (redLed, HIGH);         // 빨간색 LED 켜짐
   delay (500);                         // 500 ms 지연
   digitalWrite (redLed, LOW);          // 빨간색 LED 꺼짐
   delay (500);                         // 500 ms 지연

   digitalWrite (blueLed, HIGH);        // 파란색 LED 켜짐
   delay (500);                         // 500 ms 지연
   digitalWrite (blueLed, LOW);         // 파란색 LED 꺼짐
   delay (500);                         // 500 ms 지연

   digitalWrite (yellowLed, HIGH);      // 노란색 LED 켜짐
   delay (500);                         // 500 ms 지연
   digitalWrite (yellowLed, LOW);       // 노란색 LED 꺼짐
   delay (500);                         // 500 ms 지연
}
```

아두이노 우노 보드의 11번 핀에 연결된 빨간색 LED가 500밀리초 간격으로 켜졌다 꺼집니다. 한 색깔의 LED 동작에 500밀리초가 두 번 실행되기 때문에 빨간색 LED가 켜졌다 꺼지는 동작은 1000밀리초, 즉 1초를 사용합니다. 그 다음 파란색 LED가 켜졌다 꺼지고 노란색 LED가 켜졌다 꺼집니다. 세 개의 LED는 이 동작을 무한 반복합니다.

`loop` 함수 내의 프로그램 코드를 다음과 같이 변경해도 동일한 결과를 얻을 수 있습니다.

```
void loop()
{
   digitalWrite (redLed, HIGH);             // 빨간색 LED ON
   digitalWrite (blueLed, LOW);             // 파란색 LED OFF
   digitalWrite (yellowLed, LOW);           // 노란색 LED OFF
   delay (1000);                            // 1000 ms 지연

   digitalWrite (redLed, LOW);              // 빨간색 LED OFF
   digitalWrite (blueLed, HIGH);            // 파란색 LED ON
   digitalWrite (yellowLed, LOW);           // 노란색 LED OFF
   delay (1000);                            // 1000 ms 지연

   digitalWrite (redLed, LOW);              // 빨간색 LED OFF
   digitalWrite (blueLed, LOW);             // 파란색 LED OFF
   digitalWrite (yellowLed, HIGH);          // 노란색 LED ON
   delay (1000);                            // 1000 ms 지연
}
```

왕복하면서 LED 켜기

① 준비 부품들

부품명	아두이노 우노	브레드보드	점퍼 케이블	330 Ω 저항	LED
이미지		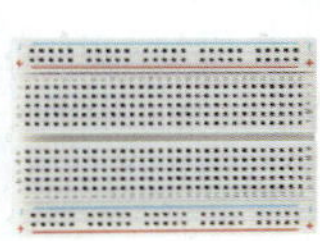			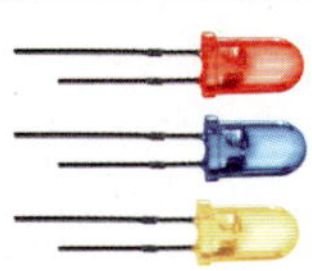
수 량	1	1	4	3	3

② 부품 연결

LED 연결 상태를 변경하지 않고 할 수 있기 때문에 앞의 예제의 회로를 그대로 사용하겠습니다.

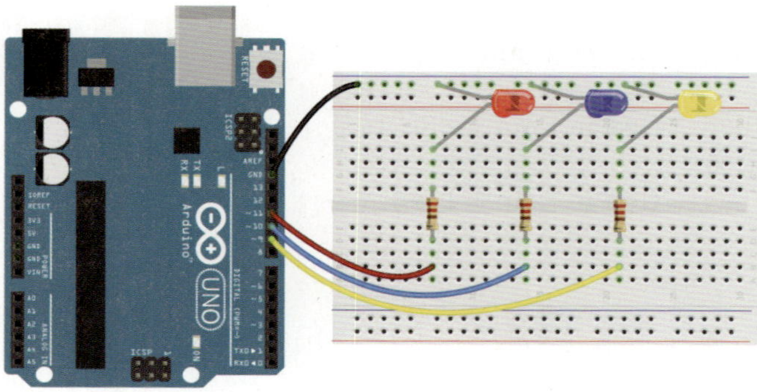

그림 3-7 다른 색깔의 LED 세 개 연결

③ 프로그램 코드

빨간색 LED ON → 파란색 LED ON → 노란색 LED ON → 노란색 LED ON → 파란색 LED ON → 빨간색 LED ON 동작을 무한 반복합니다. 즉, LED를 왼쪽에서 오른쪽 방향으로 하나씩 켰다가, 다시 오른쪽에서 왼쪽 방향으로 켜는 작업을 반복하기 때문에 왕복하면서 LED가 켜지는 것을 볼 수 있습니다.

```
int ledPin [ 3 ]=  11, 10, 9 ;

void setup()
{
   for (int pin = 0; pin < 3; pin++)
   {
      pinMode (ledPin [ pin ], OUTPUT);
   }
}

void loop()
{
   for (int pin = 0; pin < 3; pin++)
```

```
    {
        digitalWrite (ledPin [ pin ], HIGH);
        delay (100);
        digitalWrite (ledPin [ pin ], LOW);
    }

    for (int pin = 2; pin >= 0; pin--)
    {
        digitalWrite (ledPin [ pin ], HIGH);
        delay (100);
        digitalWrite (ledPin [ pin ], LOW);
    }
}
```

④ 프로그램 코드 해석

기본적으로 알고 있어야 하고, 많이 사용되는 문법들이 포함되면서 갑자기 프로그램 코드가 어려워졌습니다. 어떤 문법들이 사용되었고 어떤 동작을 만들기 위한 명령문인지만 확인하고, 연산자, 반복문, 배열 문법을 이해한 뒤에 다시 이 부분으로 돌아와서 한 줄씩 의미를 이해할 수 있도록 합니다.

【변수 선언】

```
int ledPin [ 3 ] =  11, 10, 9 ;                    // 사용된 핀 배열로 초기화
```

배열 문법을 사용해서 LED가 연결된 세 개의 핀을 순서대로 초기화시켰습니다.

【setup 함수】

```
void setup()
{
    for (int pin = 0; pin < 3; pin++)              // 11번 핀에서 9번 핀까지
    {                                              // 순서대로 변경하면서
        pinMode (ledPin [ pin ], OUTPUT);          // 출력으로 설정
    }
}
```

반복문 for와 배열, 연산자 문법을 사용해서 11번 핀부터 9번 핀까지 순서대로 출력으로 설정하였습니다.

중괄호는 함수 또는 여러 명령문을 하나의 영역으로 묶어주는 기능을 합니다. 따라서 항상 열고 닫는 쌍으로 사용되어야 합니다. 아두이노 IDE에서는 한쪽 중괄호 부분을 클릭하면 그 중괄호와 짝이 되는 중괄호를 알려주는 기능을 가지고 있습니다.

【loop 함수】

```
void loop()
{
    for (int pin = 0; pin < 3; pin++)                      // 11번 핀에서 9번 핀까지
    {                                                      // 순서대로 변경하면서
        digitalWrite (ledPin [ pin ], HIGH);               // LED ON
        delay (100);                                       // 100 ms 지연
        digitalWrite (ledPin [ pin ], LOW);                // LED OFF
    }

    for (int pin = 2; pin >= 0; pin--)                     // 9번 핀에서 11번 핀까지
    {                                                      // 순서대로 변경하면서
        digitalWrite (ledPin [ pin ], HIGH);               // LED ON
        delay (100);                                       // 100 ms 지연
        digitalWrite (ledPin [ pin ], LOW);                // LED OFF
    }
}
```

위 예제를 통해 아두이노 프로그램에서 연산자, 반복문, 배열이 사용되었습니다. 이 문법 요소들을 이해한 뒤에 다시 위 예제를 해석해 보고, 더 많은 LED를 연결하여 똑같이 왕복 동작을 하도록 만들어보세요.

가. 연산자

아두이노에서는 C/C++에서 사용되는 모든 연산자를 사용할 수 있습니다. 연산자의 종류는 산술 연산자, 관계 연산자, 논리 연산자, 비트 연산자 등이 존재하며, 연산자 간 처리 우선

순위가 있기 때문에 여러 연산자를 함께 사용할 때에는 연산자 우선순위 때문에 프로그래밍 결과의 오류가 발생되지 않도록 주의해야 합니다.

프로그래밍 언어에서 '='은 수학에서의 같다(equal)는 개념으로 사용되지 않습니다. 프로그래밍 언어에서 '='은 문장의 오른쪽 값을 왼쪽으로 대입하라는 의미로 사용됩니다. 따라서 같다는 의미를 적용할 때는 '=='를 사용해야 합니다.

표 3-4 산술 연산자

종류		연산자	사용 예	설명
산술 연산자	이 항 연산자	+	a = b + c;	b와 c를 더하여 a에 대입
		−	a = b − c;	b에서 c를 뺀 값을 a에 대입
		*	a = b * c;	b와 c를 곱하여 a에 대입
		/	a = b / c;	b를 c로 나눈 몫을 a에 대입
		%	a = b % c;	b를 c로 나눈 나머지 값을 a에 대입
	단 항 연산자	++	a++;	a의 값을 먼저 출력한 뒤 1 증가
		++	++a;	먼저 a의 값을 1 증가시키고 a를 출력
		−−	a−−;	a의 값을 먼저 출력한 뒤 1 감소
		−−	−−a;	먼저 a의 값을 1 감소시키고 a를 출력
	대 입 연산자	+=	a += b;	a와 b를 더한 값을 다시 a에 대입
		−=	a −= b;	a에서 b를 뺀 값을 다시 a에 대입
		*=	a *= b;	a와 b를 곱한 값을 다시 a에 대입
		/=	a /= b;	a를 b로 나눈 몫을 다시 a에 대입
		%=	a %= b;	a를 b로 나눈 나머지 값을 다시 a에 대입

led1 += 1;은 led = led + 1;과 같은 의미

※ 단항 연산자 사용 예

단항 연산자는 증감 연산자라고도 하며, for 반복문에서 증감(증가, 감소) 값을 처리할 때 주로 사용됩니다. 다음 [그림 3-8]은 예제에서 증감 연산자가 사용된 부분입니다.

```
int ledPin [ 3 ] = { 11, 10, 9 };

void setup()
{
  for (int pin = 0; pin < 3; pin++)
  {
    pinMode (ledPin [ pin ], OUTPUT);
  }
}

void loop()
{
  for (int pin = 0; pin < 3; pin++)
  {
    digitalWrite (ledPin [ pin ], HIGH);
    delay (100);
    digitalWrite (ledPin [ pin ], LOW);
  }
```

후위형(postfix)이며, 조건식으로 넘어가면서 (pin + 1) 됩니다.

그림 3-8 증감 연산자가 사용된 부분

관계 연산자는 비교 연산자라고도 하며, 연산 결과는 참과 거짓으로 반환됩니다. 어떤 값이 원하는 관계 또는 조건에 맞는지 틀렸는지 알 수 있어 주로 조건문이나 반복문에서 사용합니다.

표 3-5 관계 연산자

종류	연산자	사용 예	설명
관 계 연산자	〉	a 〉 b	a가 b보다 크면 참(1), 작거나 같으면 거짓(0)
	〈	a 〈 b	a가 b보다 작으면 참(1), 크거나 같으면 거짓(0)
	〉=	a 〉= b	a가 b보다 크거나 같으면 참(1), 작으면 거짓(0)
	〈=	a 〈= b	a가 b보다 작거나 같으면 참(1), 크면 거짓(0)
	==	a == b	a와 b가 같으면 참(1), 같지 않으면 거짓(0)
	!=	a != b	a와 b가 같지 않으면 참(1), 같으면 거짓(0)

논리 연산자는 부울(boolean) 연산자라고도 하며, 관계 연산자처럼 산술 값을 반환하는 것이 아닌 참 또는 거짓을 반환합니다. 논리곱(AND), 논리합(OR), 부정(NOT), 배타적 논리합(XOR) 등이 있습니다.

표 3-6 논리 연산자

종류	연산자	사용 예	설명
논리 연산자	&&	a && b	논리 a와 b가 모두 참이면 참(1), 그 외 거짓(0)
	||	a || b	논리 a와 b가 모두 거짓이면 거짓(0), 그 외 참(1)
	!	!a	논리 a가 거짓이면 참(1), a가 참이면 거짓(0)

※ 논리 연산자 사용 예

a = 10, b = 20, c = 10 일 때,

$\underbrace{(a < b)}_{1}\ \&\&\ \underbrace{(a == c)}_{1} \Rightarrow 1$

표 3-7 비트 연산자

종류		연산자	사용 예	설명
비트 연산자	논리 연산자	&	a = b & c	b와 c의 각 비트를 AND 연산하여 a에 대입
		|	a = b | c	b와 c의 각 비트를 OR 연산하여 a에 대입
		^	a = b ^ c	b와 c의 각 비트를 XOR 연산하여 a에 대입
		~	a = ~b	b와 c의 각 비트를 NOT 연산하여 a에 대입
	시프트 연산자	<<	a = b << c	b의 값을 왼쪽으로 c만큼 이동하여 a에 대입
		>>	a = b >> c	b의 값을 오른쪽으로 c만큼 이동하여 a에 대입

나. 반복문

아두이노에서 반복문을 사용하는 예제가 많기 때문에 반드시 반복문의 동작 원리를 이해해야 합니다.

반복문은 일정한 명령을 여러 번 반복해서 수행할 때 사용합니다. 반복문에는 for문, while문, do-while문이 있습니다. 세 가지 반복문 중에서 for문은 가장 많이 사용하는 반복문으로 [그림 3-9]와 같은 형식과 제어 흐름을 가집니다.

for문의 초기 값은 반복문이 시작될 때 최초 한 번만 실행됩니다. 조건식이 참이면 명령문이 수행되고, 거짓이면 for문 바깥의 다음 문장이 수행됩니다.

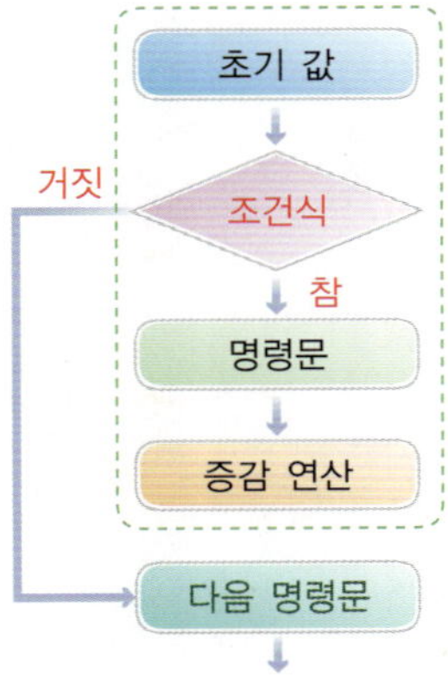


```
for (초기 값; 조건식; 증감 값)
{
    명령문;
}

for문 바깥의 다음 명령문
```

그림 3-9 for문의 형식과 제어 흐름

※ for문 사용 예

[그림 3-10]에서 예제가 for문으로 구성되어 있음을 알 수 있습니다. for문이 프로그램 코드에 사용될 때는 크게 두 가지 용도로 구분하면 됩니다. 나중에 익숙해지면 for문의 형식을 보고 의미를 바로 해석할 수 있게 됩니다.

첫 번째는 조건식에 만족할 때까지 증감 값을 적용하면서 명령문을 단순히 반복 실행하겠다는 것이고, 두 번째는 조건식에 만족할 때까지 증감 값을 적용하면서 반복적으로 명령문을 실행하는 것은 동일하지만, 증감 값이 적용된 값을 명령문에 반영하면서 실행하는 것이 다릅니다.

예제에서 사용된 for문은 두 번째 용도로 사용되고 있습니다. pin 변수 값이 증감되는데 그 증감된 값이 명령문에 적용되고 있습니다.

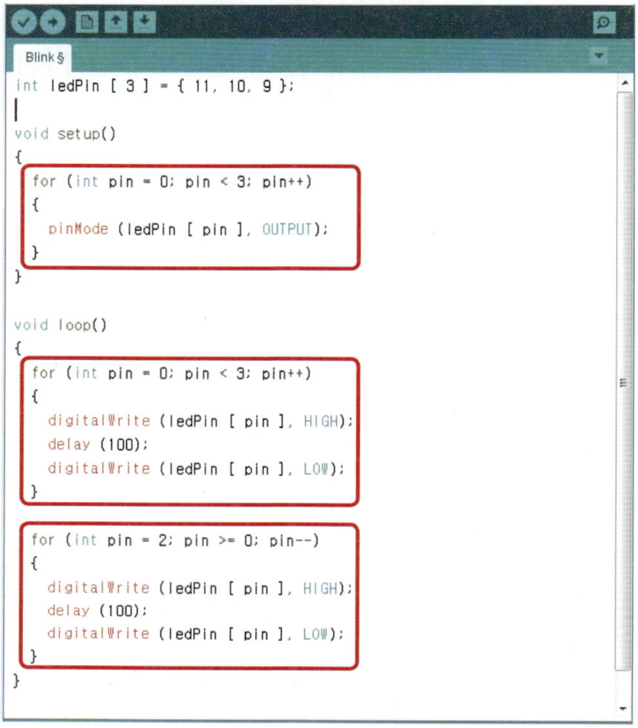

그림 3-10 예제에서 for문이 사용된 부분

어떤 흐름으로 실행되는지 한 줄의 명령문을 반복 실행하는 setup 함수 내의 for문의 제어 흐름을 [그림 3-11]에서처럼 단계별로 보겠습니다.

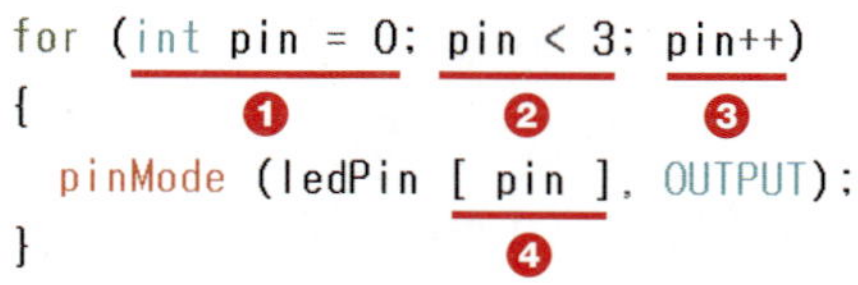

그림 3-11 예제의 setup 함수 내의 for문

❶ 최초 int 자료형의 pin 변수를 선언하고 0으로 초기화한 뒤, ❷ pin 변수 값 0은 3보다 작다는 조건을 물어 봅니다. 참이기 때문에 for문의 명령문이 실행됩니다. 이때 ❹ pin 변수

값 0이 명령문에 적용되어 실행됩니다. 배열 문법은 이후 언급이 되지만 반영된 명령문은 다음과 같습니다. 해석하면 ledPin[0]에 저장된 값(핀 번호)을 출력으로 선언합니다.

```
pinMode (ledPin [ 0 ], OUTPUT);
```

for문의 명령문이 실행된 이후, ❸ 증감 값으로 이동됩니다. pin++은 후위형 연산으로 ❷ 조건식으로 이동하면서 pin 변수에는 1 증가된 값이 반영되어 1 값이 저장됩니다. 따라서 조건식은 다음과 같이 변경되었습니다.

```
1 < 3
```

조건이 참이기 때문에 다시 for문의 명령문이 실행됩니다. ❹ pin 변수 값 1이 명령문에 적용되어 실행되며 명령문은 다음과 같습니다. 해석하면 ledPin[1]에 저장된 값을 출력으로 선언합니다.

```
pinMode (ledPin [ 1 ], OUTPUT);
```

명령문이 실행된 다음 ❸ 증감 값으로 이동되며, ❷ 조건식으로 이동하면서 pin 변수에는 1 증가된 값이 반영되어 2 값이 저장됩니다. 따라서 조건식은 다음과 같이 변경되었습니다.

```
2 < 3
```

조건이 참이기 때문에 다시 for문의 명령문이 실행됩니다. ❹ pin 변수 값 2가 명령문에 적용되어 실행되며 명령문은 다음과 같습니다. 해석하면 ledPin[2]에 저장된 값을 출력으로 선언합니다.

```
pinMode (ledPin [ 2 ], OUTPUT);
```

명령문이 실행된 다음 ❸ 증감 값으로 이동되며, ❷ 조건식으로 이동하면서 pin 변수에는 1 증가된 값이 반영되어 3 값이 저장됩니다. 따라서 조건식은 다음과 같이 변경되었습니다.

```
3 < 3
```

조건이 이제 거짓입니다. 이제 for문은 명령문의 반복 실행을 중단합니다.

설명된 절차를 간략히 정리하면 다음과 같습니다.

❶ → ❷ → ❹ → ❸ → ❷ → ❹ → ❸ → ❷ → ❹ → ❸ → ❷ →

pin=0 (❶ → ❷ → ❹), pin++ (❸), pin=1 (❷ → ❹), pin++ (❸), pin=2 (❷ → ❹), pin++ (❸), pin=3 (❷)

for문을 이해하면 while문과 do-while문은 어렵지 않습니다. 문법적인 구조가 다를 뿐 동작하는 방식은 유사합니다. 대부분의 반복문, 조건문은 조건이 참일 때 명령문을 실행합니다.

while문의 형식과 제어 흐름은 [그림 3-12]와 같습니다.

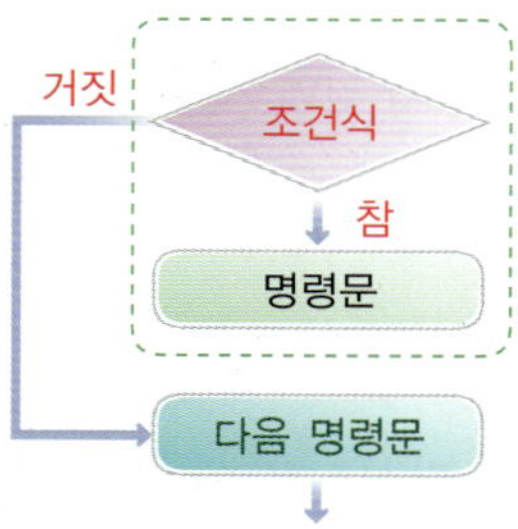


```
while (조건식)
{
    명령문;
}
```

while문 바깥의 다음 명령문

그림 3-12 while문의 형식과 제어 흐름

while문은 조건식이 참인 동안 명령문을 반복해서 실행합니다. [그림 3-13]은 예제에서 사용된 for문을 while문으로 수정했을 때를 보여줍니다. 동작하는 방식은 동일하기 때문에 문법적인 구조와 어떻게 변경되어 사용되는지를 이해하면 됩니다.

```
for (int pin = 0; pin < 3; pin++)
{      ❶            ❷        ❸
  pinMode (ledPin [ pin ], OUTPUT);
}                     ❹
```

(a) setup 함수 내의 for문

```
int pin = 0; ❶
while (pin < 3)
{            ❷
  pinMode (ledPin [ pin ], OUTPUT);
  pin++;                ❹
} ❸
```

(b) for문과 동일한 동작을 하는 while문

그림 3-13 for문과 while문 비교

do-while문은 while문과 다르게 조건식이 참이 아니라도 명령문이 한 번은 수행됩니다. do-while문의 형식과 제어 흐름은 [그림 3-14]와 같습니다.

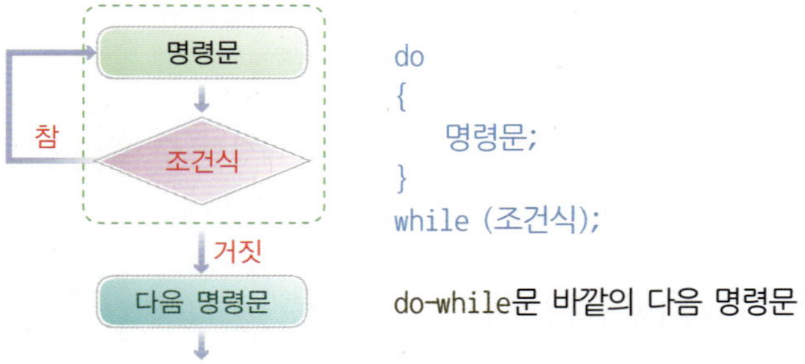

그림 3-14 do-while문의 형식과 제어 흐름

다. 배열

배열(array)은 자료형이 같은 데이터를 나열하여 메모리에 저장할 수 있도록 해 줍니다. 즉, 동일한 자료형을 사용하는 다수의 변수 집합을 배열로 쉽게 만들어 쓸 수 있습니다.

배열은 구성 형태에 따라 1차원 배열, 2차원 배열, 3차원 배열이 있으며, 일반적으로 아두이노에서는 2차원 배열까지만 이해하고 활용할 수 있으면 충분합니다. 1차원 배열은 다음과 같은 형식으로 선언합니다.

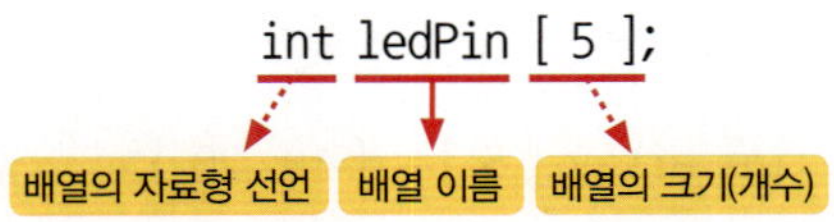

배열의 크기 값을 이용해서 변수의 개수를 쉽게 생성할 수 있습니다. 해석하면 int 자료형 변수 5개로 이루어진 ledPin 배열을 선언한 것입니다. 대괄호 안에 선언된 각각의 배열 요소에 접근하기 위해서는 배열 인덱스(index)로 접근을 해야 하며, 인덱스는 항상 0부터 시작합니다. 즉, 배열을 선언하면 실제 메모리에 배열의 인덱스 순서대로 생성되고, 배열의 인덱스를 지정해서 변수처럼 사용하면 됩니다.

주의할 점은 대괄호 안 [5]의 의미는 5개의 변수를 생성한 것이지 인덱스가 5까지라는 것이 아닙니다. int ledPin [5] 선언으로 실제 메모리에 생성되는 구조는 다음과 같습니다.

ledPin [0]	ledPin [1]	ledPin [2]	ledPin [3]	ledPin [4]

1차원 배열을 선언하면서 각각의 배열 인덱스에 값을 저장할 수 있습니다. 이것을 배열의 초기화라고 합니다. 다음은 1차원 배열을 초기화하는 몇 가지 예를 보여줍니다.

```
char array [ 5 ] = { 'a', 'b', 'c', 'd', 'e' };
```

array [0]	array [1]	array [2]	array [3]	array [4]
a	b	c	d	e

```
int array [ 5 ] = { 10, 20, 30, 40, 50 }; 또는
int array [  ] = { 10, 20, 30, 40, 50 };
```

array [0]	array [1]	array [2]	array [3]	array [4]
10	20	30	40	50

```
int array [ 5 ] = { 10, 20 };
```

모든 인덱스를 채우지 않을 때는 인덱스 0부터 채우고, 나머지 공간은 0으로 채웁니다.

array [0]	array [1]	array [2]	array [3]	array [4]
10	20	0	0	0

2차원 이상의 배열을 **다차원 배열**이라고 합니다. 2차원 배열은 다음과 같은 형식으로 선언합니다.

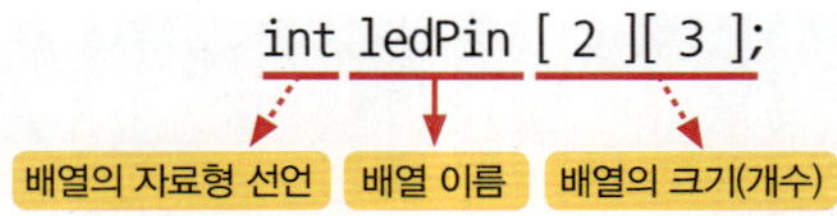

배열의 크기를 나타내는 앞의 대괄호는 행 개수를, 뒤쪽은 열 개수를 의미합니다. 이해를 돕기 위한 논리적인 구조는 다음과 같습니다.

	0열	1열	2열
0행	ledPin[0][0]	ledPin[0][1]	ledPin[0][2]
1행	ledPin[1][0]	ledPin[1][1]	ledPin[1][2]

2행 × 3열 공간 생성

2차원 배열의 초기화는 1차원 배열의 원리를 적용하는 것으로 이해하면 됩니다.

```
int array [ 2 ][ 3 ] = { 10, 20, 30, 40, 50, 60 }; 또는
int array [ 2 ][ 3 ] = { { 10, 20, 30 }, {  40, 50, 60 } }; 또는
int array [   ][ 3 ] = { 10, 20, 30, 40, 50, 60 };
```

	[0]	[1]	[2]
[0]	array [0][0]	array [0][1]	array [0][2]
	10	20	30
[1]	array [1][0]	array [1][1]	array [1][2]
	40	50	60

※ 배열 사용 예

예제에서 LED가 연결된 핀 번호를 차례대로 나열하여 배열 ledPin의 값으로 초기화하고, for 문을 사용해서 배열 인덱스로 핀 번호를 각각 호출하고 있습니다.

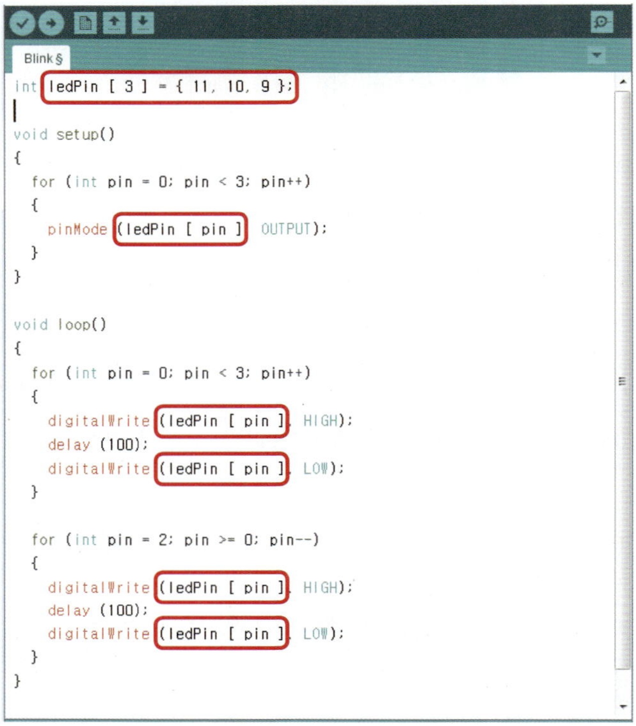

그림 3-15 예제에서 배열이 사용된 부분

어떤 흐름으로 실행되는지 예제에서 배열의 제어 흐름을 단계별로 보겠습니다([그림 3-15] 참조).

```
int ledPin [ 3 ] = { 11, 10, 9 };
```

(a) 배열 초기화 부분

```
for (int pin = 0; pin < 3; pin++)
{
  pinMode (ledPin [ pin ], OUTPUT);
}
```

(b) setup 함수 내의 배열 사용 부분

그림 3-16 예제에서 배열 초기화 부분과 setup 함수에서 배열이 사용된 부분

빨간색, 파란색, 노란색 LED를 각각 아두이노 우노 보드의 11번 핀, 10번 핀, 9번 핀에 연결했기 때문에 순서대로 사용된 핀 번호를 배열로 초기화하고 있습니다([그림 3-16(a)] 참조). 즉, 배열 ledPin의 인덱스 0에는 11번 핀, 인덱스 1에는 10번 핀, 인덱스 2에는 9번 핀을 지정한 것으로 이해하면 됩니다.

```
int ledPin [ 3 ] = { 11, 10, 9 };
```

ledPin [0]	ledPin [1]	ledPin [2]
11	10	9

setup 함수에서 for문을 사용하여 배열의 인덱스를 변경하고 있습니다. 일반적으로 배열이 사용되면 for문은 함께 사용됩니다. for문에서 초기 값과 조건식은 배열의 인덱스에 접근하기 위한 것입니다. 배열의 인덱스는 항상 0부터 시작하기 때문에 첫 번째 인덱스에 저장된 데이터에 접근하기 위해 for문의 초기 값을 0으로 초기화한 것입니다. 조건식은 배열 인덱스의 마지막 값까지 명령문이 실행되도록 조건을 생성합니다.

처음 int 자료형 pin 변수를 0으로 초기화한 뒤에 조건식(pin 〈 3)을 검사합니다. 3이 크기 때문에 참이고 다음 명령문이 실행됩니다. 이때 ledPin 배열의 인덱스는 pin 변수 값 0이 반영되고 인덱스 0에 저장된 11번 핀을 출력으로 설정한다는 명령이 작동합니다.

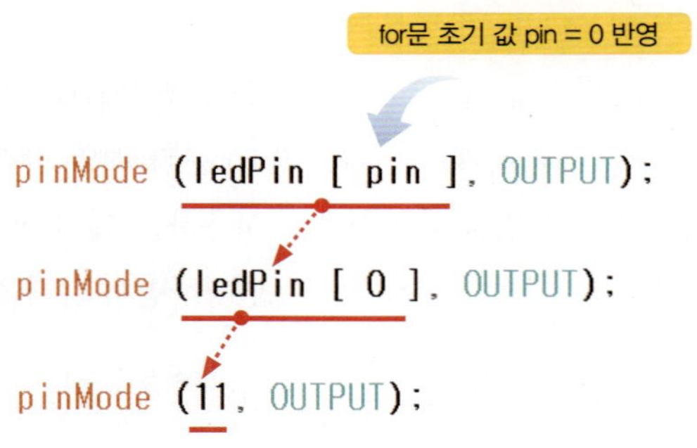

그 다음 증감 연산에 의해서 pin 변수 값은 1로 변경되고, 배열 ledPin의 인덱스 1에 저장된 10번 핀을 출력으로 설정합니다. 무슨 말인지 이해가 되지 않는다면 for문을 다시 처음부터

읽어보세요.

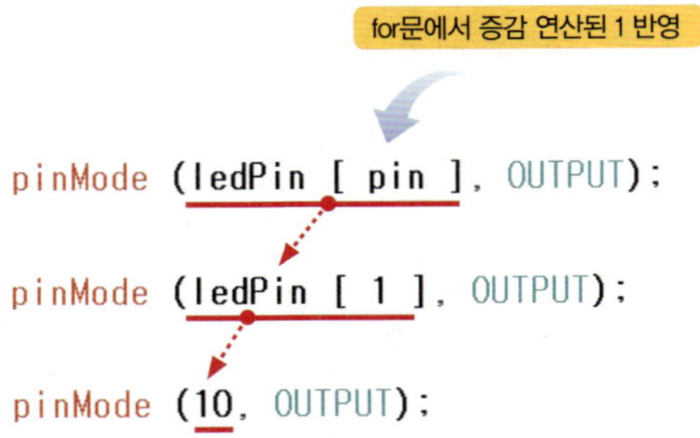

다시 증감 연산을 통해 pin 변수 값은 2로 변경되고, 배열 ledPin의 인덱스 2에 저장된 9번 핀을 출력으로 설정합니다.

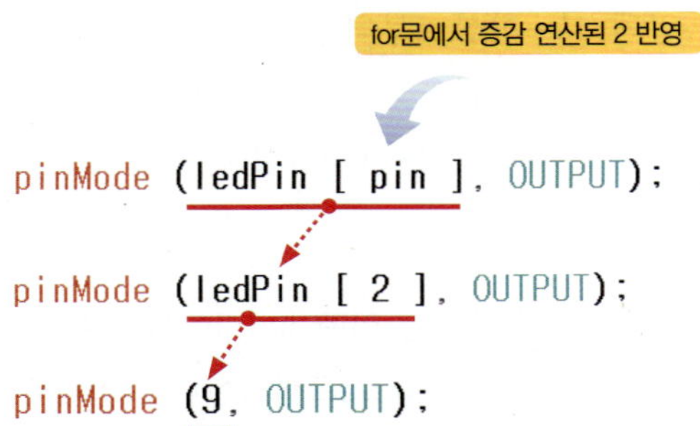

그 다음 증감 연산을 하면 pin 변수 값이 3으로 변경되고 조건식(pin 〈 3)에서 거짓이 되면서 for문은 종료됩니다. 이 과정들을 정확하게 이해하려면 for문과 배열 각각의 개념을 잘 이해하고 있어야 합니다. 그 다음 두 가지 문법을 복합적으로 사용하는 예제들에서 문법이 어떻게 사용되고 있는지 이해하고, 아두이노 예제를 부분적으로 변경하면서 실력을 상승시키면 됩니다.

loop 함수 내에서 for문과 배열은 같은 방식으로 해석하면 됩니다.

LED를 점점 밝게 켰다가 다시 점점 어둡게 하기

① 준비 부품들

부품명	아두이노 우노	브레드보드	점퍼 케이블	330 Ω 저항	LED
이미지		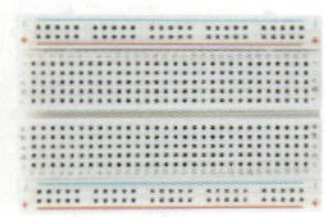			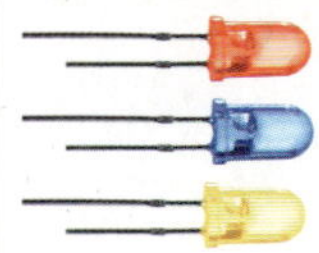
수 량	1	1	4	3	3

② 부품 연결

LED 연결 상태를 변경하지 않고 할 수 있기 때문에 앞의 예제 회로를 그대로 사용하겠습니다. 익숙해지면 LED를 추가하거나 연결 회로를 변경해 보세요.

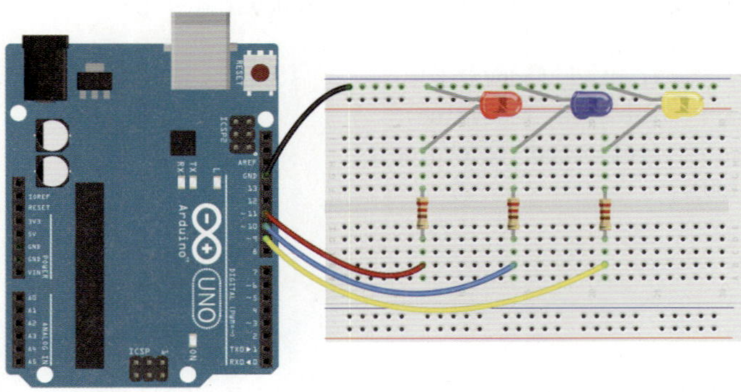

그림 3-17 물결표(~)가 붙은 핀에 LED 세 개 연결

③ 프로그램 코드

연결된 세 가지 색의 LED가 점점 밝아졌다가 다시 점점 어두워지는 동작을 무한 반복합니다. 직접 코딩해 보는 것이 더 좋지만, 아두이노 IDE에서 제공되는 Fading 스케치를 불러와서 코드를 변경, 추가한 뒤에 실행해도 됩니다.

참고할 예제는 [파일]-[예제]-[03.Basics]-[Fading] 스케치입니다.

```
int redLed = 11;
int blueLed = 10;
int yellowLed = 9;

void setup()
{

}

void loop()
{
   for (int fadeValue = 0 ; fadeValue <= 255; fadeValue += 5)
   {
      analogWrite (redLed, fadeValue);
      analogWrite (blueLed, fadeValue);
      analogWrite (yellowLed, fadeValue);
      delay (30);
   }

   for (int fadeValue = 255 ; fadeValue >= 0; fadeValue -= 5)
   {
      analogWrite (redLed, fadeValue);
      analogWrite (blueLed, fadeValue);
      analogWrite (yellowLed, fadeValue);
      delay (30);
   }
}
```

④ 프로그램 코드 해석

새로운 부분이 보입니다. 먼저 핀을 사용하고 있는데 setup 함수는 아무 것도 하지 않습니다. 그리고 analogWrite 함수가 사용되고 있습니다.

【변수 선언】

```
int redLed = 11;                    // 빨간색 LED 11번 핀에 연결
int blueLed = 10;                   // 파란색 LED 10번 핀에 연결
int yellowLed = 9;                  // 노란색 LED 9번 핀에 연결
```

【setup 함수】

```
void setup()
{
    // 아무 것도 하지 않음
}
```

analogWrite 함수를 호출할 때는 pinMode 함수를 이용하여 핀 설정을 할 필요가 없습니다. 명령에 아날로그(analog)라는 단어가 섞여 있어 혼동될 수 있는데, analogWrite 함수는 아두이노 우노 보드의 아날로그 핀(A0 ~ A5)과 analogRead 함수와는 아무런 관계를 가지고 있지 않습니다. analogWrite 함수는 펄스 폭 변조라고 하는 PWM(Pulse Width Modulation)을 사용하기 위한 함수입니다.

【loop 함수】

```
void loop()
{
    // fadeValue 변수를 선언하고, 변수 값을 0에서부터 255까지 5씩 증가
    for (int fadeValue = 0 ; fadeValue <= 255; fadeValue += 5)
    {
        analogWrite (redLed, fadeValue);        // 11번 핀에 fadeValue 값 반영
        analogWrite (blueLed, fadeValue);       // 10번 핀에 fadeValue 값 반영
        analogWrite (yellowLed, fadeValue);     // 9번 핀에 fadeValue 값 반영
        delay (30);                             // 30 ms 지연
    }

    // fadeValue 변수를 선언하고, 변수 값을 255에서부터 0까지 5씩 감소
    for (int fadeValue = 255 ; fadeValue >= 0; fadeValue -= 5)
    {
        analogWrite (redLed, fadeValue);        // 11번 핀에 fadeValue 값 반영
        analogWrite (blueLed, fadeValue);       // 10번 핀에 fadeValue 값 반영
        analogWrite (yellowLed, fadeValue);     // 9번 핀에 fadeValue 값 반영
        delay (30);                             // 30 ms 지연
    }
}
```

analogWrite 함수로 각각의 핀에 0에서 255사이의 값을 5씩 증감하면서 반영하고 있습니다. 위쪽의 for문에서는 fadeValue 값이 0에서부터 5씩 증가하기 때문에 0, 5, 10, 15, 20, 25, …, 255 값으로 반영되고 있고, 아래쪽의 for문에서는 fadeValue 값이 255부터 5씩 감소하기 때문에 255, 250, 245, 240, 235, 230, …, 0 값으로 반영되고 있습니다.

analogWrite 함수의 값이 255에 가까울수록 LED는 밝은 빛을 내고, 0에 가까울수록 어두워지는 것을 예제 실행 결과로 확인할 수 있습니다.

가. PWM과 analogWrite 함수

펄스폭 변조(PWM)를 활용하면 디지털 신호를 아날로그 신호와 비슷하게 만들 수 있습니다. 아두이노 우노 보드에는 6개의 핀에서 PWM을 출력할 수 있으며 ~3, ~5, ~6, ~9, ~10, ~11번 핀이 PWM이 출력되는 핀입니다([그림 3-18] 참조).

그림 3-18 물결표(~)가 붙은 핀들

이 핀들에 HIGH가 되는 시간을 변경하면 0 V와 5 V 사이의 임의의 전압을 만들 수 있습니다. 펄스가 HIGH가 되는 시간을 T_H라 하고 반송 주파수를 T_{PWM}이라 했을 때 전체 주기 중에

HIGH가 되는 시간의 비를 듀티비(Duty Ratio)라 합니다.

듀티비와 출력 비교 [그림 3-19]를 보면 5 V로 유지되는 시간이 짧아지고 0 V로 유지되는 시간이 길어지면 출력 전압이 떨어지고, 반대로 5 V로 유지되는 시간이 길어지고 0 V로 유지되는 시간이 짧아지면 출력 전압이 높아집니다. 듀티비 100%는 아두이노 우노 보드의 최대 출력 전압인 5 V가 출력된다는 의미입니다.

0% 듀티비가 출력되는 핀에 LED가 연결되어 있다면 LED는 켜지지 않습니다. 또는 그 핀에 DC 모터가 연결되어 있는 상황이라면 마찬가지로 DC 모터는 동작하지 않습니다. 반대로 100% 듀티비가 출력되는 핀에 LED가 연결되어 있다면 가장 밝게 켜지고, DC 모터가 연결된 상황이라면 DC 모터는 가장 빠르게 회전할 것입니다.

analogWrite 함수는 PWM 듀티비를 0 ~ 255 사이의 값으로 쉽게 조절할 수 있습니다. analogWrite 함수의 문법은 다음과 같습니다.

```
analogWrite(pin, value)
```

- pin: PWM 파형이 출력될 핀 번호, 물결표가 있는 ~3, ~5, ~6, ~9, ~10, ~11번 핀 사용
- value: 듀티비(duty ratio)를 나타내는 0~255 사이의 값.
  0은 듀티비 0%를 나타내고, 255는 듀티비 100%를 나타냅니다.

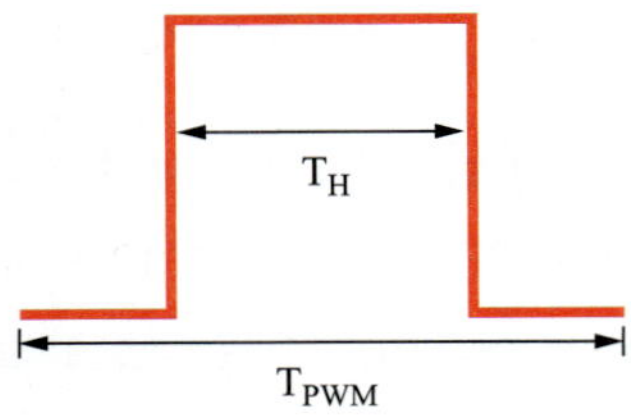

$$\text{듀티비}(\%) = \frac{T_H}{T_{PWM}} \times 100$$

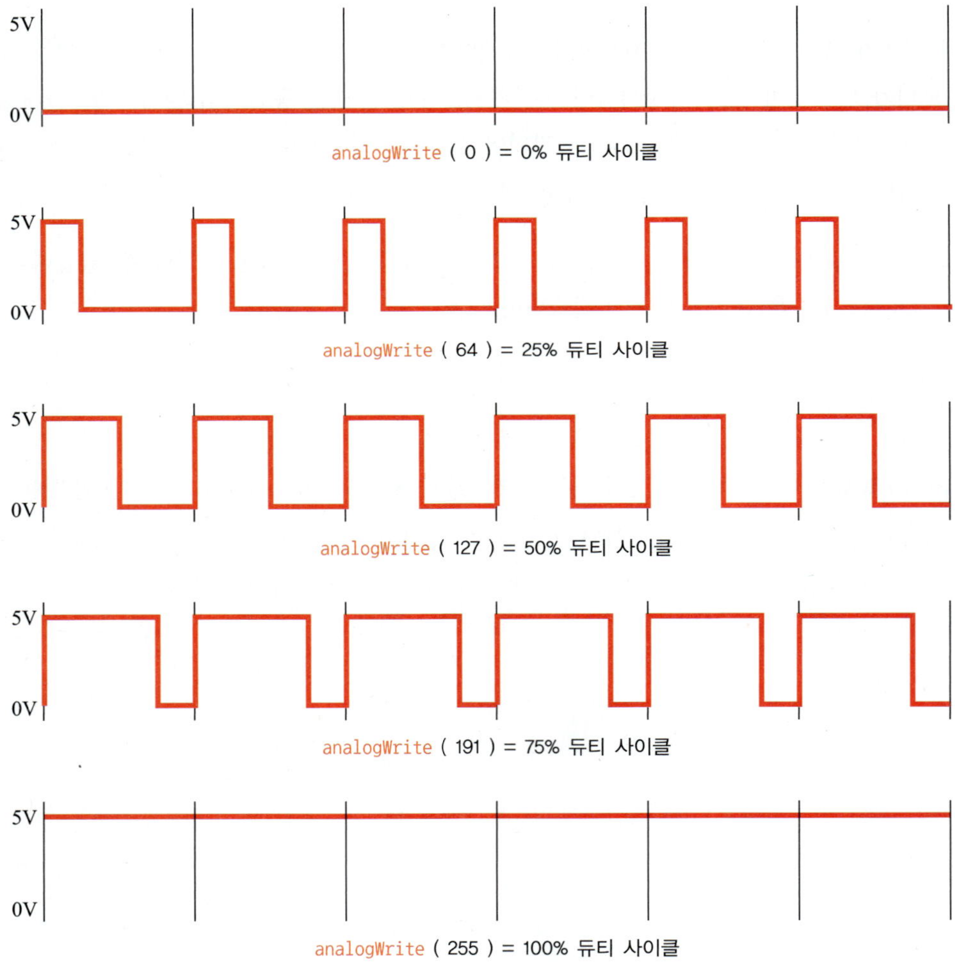

그림 3-19 듀티비와 출력 비교

반짝반짝 자유롭게 빛나는 LED

① 준비 부품들

부품명	아두이노 우노	브레드보드	점퍼 케이블	330 Ω 저항	LED
이미지		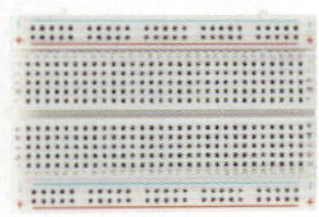			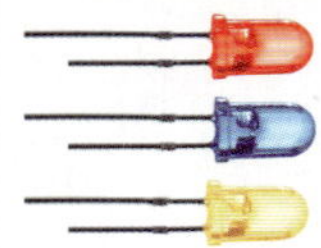
수 량	1	1	4	3	3

② 부품 연결

LED 연결 상태를 변경하지 않고 할 수 있기 때문에 앞의 예제 회로를 그대로 사용하겠습니다. 익숙해지면 LED를 추가하거나 연결 회로를 변경해 보세요.

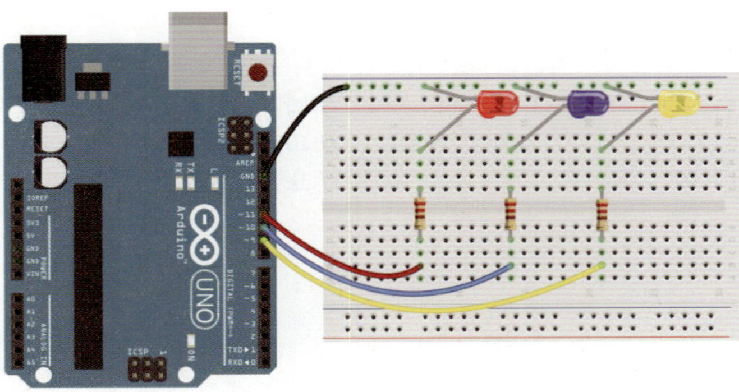

그림 3-20 물결표(~)가 붙은 핀에 LED 세 개 연결

③ 프로그램 코드

연결된 세 가지 색의 LED 밝기가 계속 바뀌면서 반짝반짝 빛을 냅니다. `analogWrite` 함수의 듀티비 값을 `random` 함수로 발생된 임의의 값으로 처리하고 있습니다.

```
int redLed = 11;
int blueLed = 10;
int yellowLed = 9;

void setup()
{
   randomSeed (analogRead (A0));
}

void loop()
{
   analogWrite (redLed, random (256));
   analogWrite (blueLed, random (256));
   analogWrite (yellowLed, random (256));
   delay (200);
}
```

④ **프로그램 코드 해석**

【변수 선언】

```
int redLed = 11;                        // 빨간색 LED 11번 핀에 연결
int blueLed = 10;                       // 파란색 LED 10번 핀에 연결
int yellowLed = 9;                      // 노란색 LED 9번 핀에 연결
```

【setup 함수】

```
void setup()
{
   randomSeed (analogRead (A0));        // 난수 생성기 시작
}
```

randomSeed 함수는 random 함수와 함께 사용하며, 지정된 매개 변수를 기반으로 임의의 위치에서 난수 생성기를 시작하는 함수입니다.

간단하게 'random 함수만 쓰면 되지 않을까?'라는 생각을 할 수 있습니다. 하지만 random 함수는 난수를 발생시키지만 엄밀하게 말하면 난수라고 할 수 없는 항상 동일한 순서의 숫자 값을 반복해서 가져옵니다. 그래서 매번 다른 순서의 난수가 생성되어야 한다면 randomSeed 함수를 사용해서 난수 발생기를 초기화해야 합니다.

난수 발생기를 초기화할 때는 사용하지 않는 핀의 아날로그 값을 읽도록 하는데, 연결되지 않은 핀의 아날로그 값을 읽으면 매번 그 값이 달라지기 때문에 난수 발생 초기화 시 이 방법을 사용해야 합니다.

analogRead 함수는 지정된 아날로그 핀으로부터 값을 읽어내는 함수입니다. 아두이노 우노 보드 아래쪽에 'ANALOG IN'이라고 표시된 부분의 A0 ~ A5까지 6개의 핀들이 analogRead 함수와 연관되어 있습니다([그림 3-21] 참조).

그림 3-21 아날로그 핀들

아날로그 신호는 우리가 일상에서 경험하는 소리, 온도, 속도, 냄새 등과 같이 시간이 경과함에 따라 연속적으로 표현되는 신호를 말합니다. 자연 상태의 모든 정보들을 아날로그 신호라고 생각하면 됩니다.

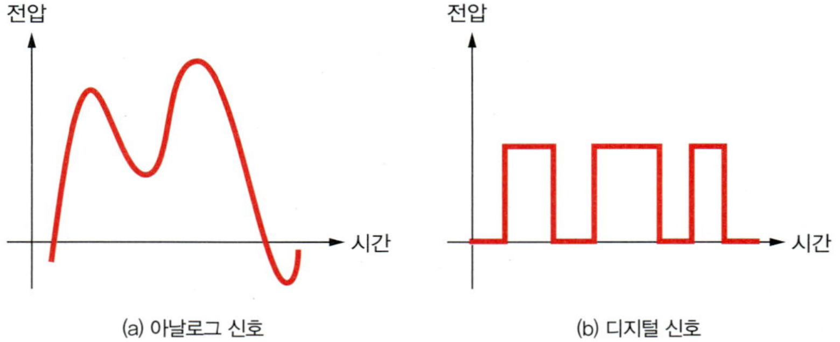

그림 3-22 아날로그 신호와 디지털 신호

지금까지 사용했던 디지털 신호는 불연속적으로 구분되는 이산 데이터, 즉 0 또는 1의 형태로 표현되며 쉽게 말해 디지털 신호는 아두이노 우노 보드가 이해하고 처리할 수 있는 데이터입니다. 예를 들어 온도 값을 아두이노 우노 보드에서 처리하고 표시하도록 만들기 위해서는 온도 값에 해당하는 아날로그 신호를 디지털 신호로 변환해서 사용해야 합니다.

아날로그 신호 ➡ 디지털 신호

아두이노 우노 보드의 마이크로컨트롤러 ATmega328P에 아날로그 신호를 디지털 신호로 변환해주는 ADC(Analog Digital Converter)라고 부르는 장치가 내장되어 있습니다. 대부분의 아두이노 보드는 ADC를 통해서 특정 아날로그 신호를 0~1023 사이의 값으로 변환해 줍니다. 즉, 아두이노 우노 보드의 6개 핀(A0 ~ A5)은 ADC가 처리한 값을 사용하는 핀들입니다.

아날로그 값을 읽는 함수인 analogRead 함수의 문법은 다음과 같습니다.

```
analogRead(pin)
```

- pin: 아날로그 값을 읽어올 핀 번호.
  핀 번호를 쓸 때 0을 쓰거나, A0와 같이 핀 번호 앞에 A를 붙여서 쓸 수 있습니다. 디지털 핀 쪽에도 숫자 0을 쓰기 때문에 충돌이 생길 것 같지만, 디지털 핀 0 ~ 5까지는 analogRead 함수의 매개 변수 값으로 처리되지 않도록 되어 있습니다.

앞의 예제에서는 analogRead 함수가 난수를 생성하는 데 사용되었지만, 아두이노를 이용한 각종 센서 실습 시 analogRead 함수는 자주 사용되기 때문에 이해하고 있도록 합니다. 그리고 앞서 언급되었지만 analogRead 함수와 analogWrite 함수는 아무런 관련성이 없습니다.

【loop 함수】

```
void loop()
{
    analogWrite (redLed, random (256));       // 11번 핀에 난수 반영
    analogWrite (blueLed, random (256));      // 10번 핀에 난수 반영
    analogWrite (yellowLed, random (256));    // 9번 핀에 난수 반영
    delay (200);                              // 200 ms 지연
}
```

난수를 생성하는 random 함수의 문법은 다음과 같습니다.

```
random(max)
random(min, max)
```

- min: 발생되는 난수의 최솟값 설정.
- max: 최댓값 설정. 이때 발생되는 최댓값은 (max – 1)입니다.

  random(256) : 0 ~ 255 사이의 난수가 발생됩니다.

  random(100, 256) : 100 ~ 255 사이의 난수가 발생됩니다.

analogWrite 함수로 각각의 핀에 0~255 사이의 난수가 반영되도록 합니다. PWM 값을 처리하는 analogWrite 함수는 0~255 사이의 값만 처리할 수 있다는 것을 주의하도록 합니다. 앞의 실습과 다른 점은 순차적으로 값을 증감하는 것이 아니라 0~255 사이의 값이 무작위로 처리되도록 한 것입니다.

CHAPTER

04

시리얼 통신

4.1 시리얼 통신이란

여러분들은 아두이노를 시작하면서 이미 시리얼 통신과 관련된 것을 경험했습니다. 아두이노 우노 보드와 컴퓨터를 연결한 뒤에 COM 포트를 확인하는 절차가 있었는데, 그것이 바로 시리얼 통신 포트라는 것을 확인하고 설정하는 과정이었습니다. COM 포트는 컴퓨터에서 작성되고 컴파일된 실행 파일을 아두이노 우노 보드로 업로드하는 과정에서 실행 파일 데이터가 왔다 갔다 하는 통로가 됩니다.

시리얼(Serial)은 직렬이라는 의미를 가지고 있어 시리얼 통신을 직렬 통신이라고도 합니다. 시리얼 통신은 컴퓨터와 주변 장치 간 또는 컴퓨터와 아두이노 보드 간에 데이터를 주고받을 때 하나의 전선을 통해서 한 비트씩 순차적으로 데이터를 보내는 방식을 말합니다.

시리얼 통신은 TX라고 하는 데이터 전송을 위한 선과 RX라고 하는 수신을 위한 선으로 이루어집니다. 예를 들어 [그림 4-1]에서처럼 장치 A에서 전송(TX)하면 장치 B에서는 수신(RX)되는 것이기 때문에 두 장치 간의 TX, RX 선이 서로 연결된 형태입니다.

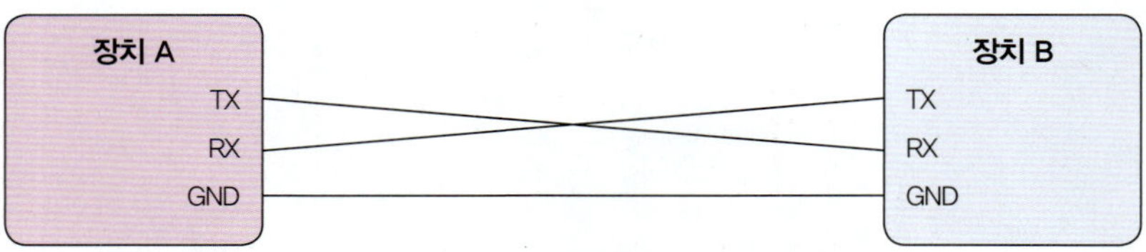

그림 4-1 시리얼 통신 연결

대부분의 아두이노 보드는 0번 핀(RX)과 1번 핀(TX)을 시리얼 통신을 위한 핀으로 사용합니다. 컴퓨터에서 작성되고 컴파일된 실행 파일을 아두이노 우노 보드로 업로드하는 과정에도 시리얼 통신을 사용하기 때문에 업로드 과정과 동시에 디지털 0번 핀과 1번 핀을 사용하게 되면 [그림 4-2]와 같이 업로드 단계에서 에러가 발생됩니다. 만약 디지털 0번 핀과 1번 핀을 사용해야 한다면, 업로드할 때는 0번 핀이나 1번 핀에 연결된 점퍼케이블을 잠깐 뽑아뒀다가 업로드가 완료된 이후에 다시 꽂으면 됩니다.

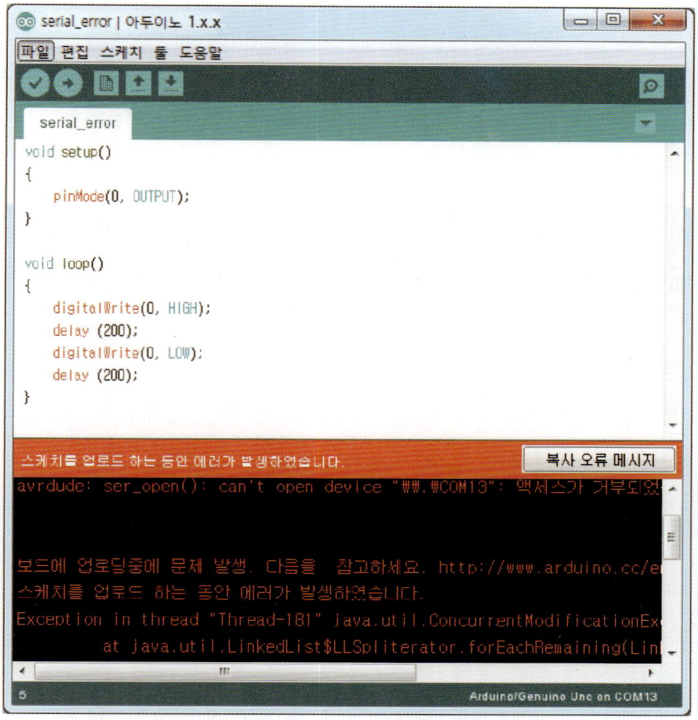

그림 4-2 시리얼 포트 충돌 에러

4.2 전송

아두이노에서 전송과 수신 개념은 항상 아두이노 보드를 기준으로 전송과 수신을 말합니다. 아두이노 보드에서 한 개의 문자 또는 문자열을 컴퓨터에게 전송하는 실습을 해보겠습니다.

① 준비 부품들

컴퓨터와 아두이노 우노 보드가 USB 케이블로 연결되어 있는 상태면 됩니다. 따라서 특별하게 추가해야 하는 연결은 없습니다.

② 부품 연결

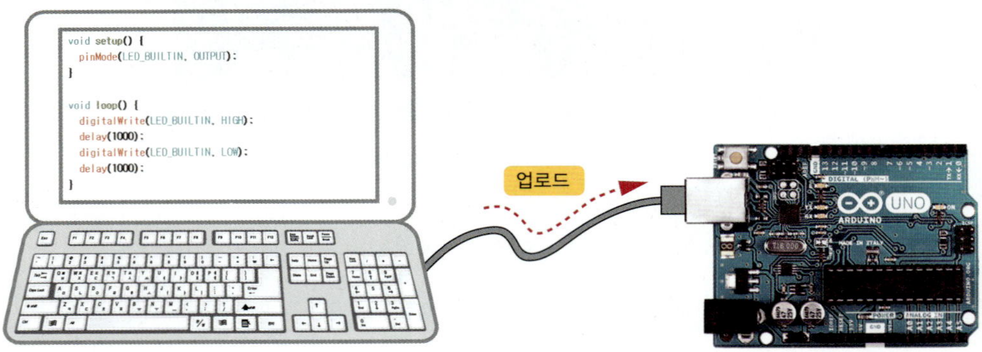

그림 4-3 컴퓨터와 아두이노 우노 보드 연결

③ 프로그램 코드

```
void setup()
{
    Serial.begin (9600);
}

void loop()
{
```

```
    Serial.print ("Hello");
    delay (1000);
}
```


④ 프로그램 코드 해석

【setup 함수】

```
void setup()
{
    Serial.begin (9600);                    // 시리얼 통신 속도를 9600 bps로 초기화
}
```

아두이노에서 시리얼 통신과 관련된 함수를 사용할 때는 Serial.을 항상 붙여줘야 합니다. Serial.begin은 시리얼 통신을 사용하기 위해서 setup 함수 내에 반드시 선언해야 하는 함수로 Serial.begin를 통해서 시리얼 통신이 시작됩니다.

시리얼 통신 속도를 설정하는 begin 함수의 문법은 다음과 같습니다.

```
Serial.begin(speed)
Serial.begin(speed, config)
```

- speed: 시리얼 통신 속도.
  시리얼 통신 속도 단위는 bps(bit per second) 또는 보레이트(baud rate)를 사용합니다. bps는 초당 전송되는 비트의 수를 의미합니다. 300, 600, 1200, 2400, 4800, 9600, 14400, 19200, 28800, 38400, 57600, 115200 중에 선택하면 되나 주로 9600 bps를 사용합니다.
- config: 시리얼 통신 환경을 설정 옵션으로 데이터 길이, 패리티 비트, 정지 비트를 설정합니다.

【loop 함수】

```
void loop()
{
    Serial.print ( “ Hello ” );                    // “ Hello ” 문자열 컴퓨터로 전송
    delay (1000);                                  // 1000 ms 지연
}
```

시리얼 통신으로 문자를 전송할 때는 작은따옴표(‘ ’)를, 문자열을 전송할 때는 큰따옴표(“ ”)를 사용해야 합니다. print 함수는 데이터를 전송하는 함수입니다. print 함수의 문법은 다음과 같습니다.

```
Serial.print(value)
Serial.print(value, format)
```

- value: 전송 데이터.
- format: 전송 데이터의 자료형을 지정하거나, 전송 데이터를 실수로 보낼 때 소수점 자리수를 지정합니다(기본 값은 두 자리 수).

BIN(2진수), OCT(8진수), DEC(10진수), HEX(16진수)

Serial.print(78, BIN) : “1001110” 전송

Serial.print(1.23456, 4) : “1.2346” 전송

예제를 실행하면 아두이노 우노 보드에서 컴퓨터로 “Hello”라는 문자열을 1초 간격으로 계속 전송할 것입니다. 그런데 전송되는 “Hello” 문자열을 볼 수 없습니다.

시리얼 통신으로 어떤 데이터가 전송되고 수신되는지 실시간으로 확인할 수 있어야 하기 때문에 이것을 모니터링 해주는 프로그램이 필요합니다. 아두이노 IDE에는 시리얼 모니터 프로그램이 포함되어 있습니다. 업로드 완료 이후에 시리얼 모니터 아이콘을 클릭하여 실행합니다.

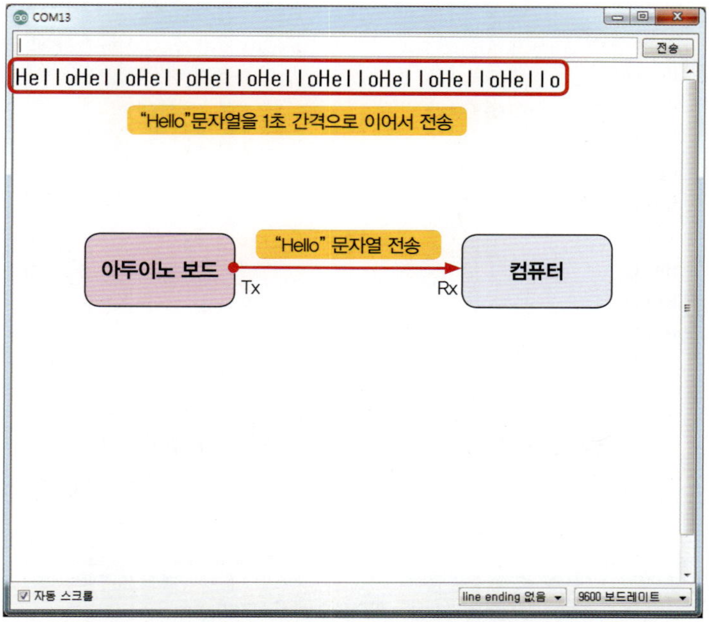

그림 4-4 print 함수로 "Hello" 문자열 전송

전송되는 문자열에 줄 바꿈(개행)이 되면 좀 더 보기 좋을 것입니다. print 함수와 같은 형태를 취하지만 println 함수는 줄 바꿈을 합니다([그림 4-5] 참조). 프로그램 코드를 다음과 같이 수정하고 업로드합니다. 시리얼 모니터 창을 띄우면 "Hello" 문자열을 전송하고 다음 줄로 커서를 이동시키는 것을 확인할 수 있습니다.

```
void setup()
{
   Serial.begin (9600);                    // 시리얼 통신 속도를 9600 bps로 초기화
}

void loop()
{
   Serial.println ( " Hello " );           // " Hello " 문자열과 줄 바꿈 전송
   delay (1000);                           // 1000 ms 지연
}
```

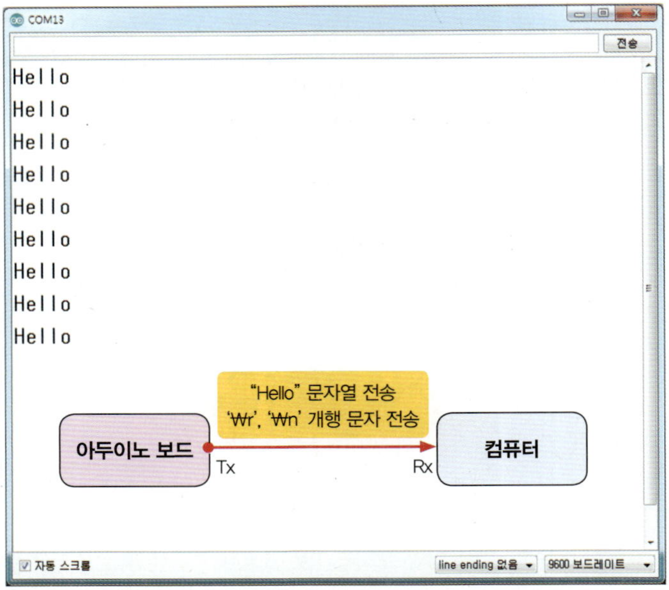

그림 4-5 println 함수로 "Hello" 문자열 전송

```
Serial.println(value)
Serial.println(value, format)
```

- value: 전송 데이터.
- format: 전송 데이터의 자료형을 지정하거나, 전송 데이터를 실수로 보낼 때 소수점 자리수를 지정합니다(기본 값은 두 자리 수).

BIN(2진수), OCT(8진수), DEC(10진수), HEX(16진수)

`Serial.print(78, BIN)` : "1001110" 전송

`Serial.print(1.23456, 4)` : "1.2346" 전송

`print` 함수와 `println` 함수를 사용하여 여러 가지 문자열을 다양한 방식으로 전송시켜 보세요.

4.3 수신

컴퓨터에서 전송된 데이터를 아두이노가 수신하는 것을 실습해 보겠습니다. 아두이노의 전송과 수신을 이해하고 사용할 수 있다면 다양한 응용 작업에서 전송 · 수신되는 데이터를 시리얼 모니터 창을 통해서 쉽게 확인해 볼 수 있습니다.

① 준비 부품과 연결

컴퓨터와 아두이노 우노 보드가 USB 케이블로 연결되어 있는 상태여야 합니다.

② 프로그램 코드

프로그램 코드를 업로드한 뒤에 시리얼 모니터를 실행합니다. 컴퓨터에서 전송하는 데이터를 아두이노 우노 보드가 수신하는 상황입니다. 시리얼 모니터 창 상단에 데이터를 입력하고 전송할 수 있습니다. 처음에는 한 글자를 입력한 뒤에 전송해 보고, 그 다음 문자열을 입력한 뒤에 전송해 봅니다.

```
void setup()
{
    Serial.begin (9600);
}

void loop()
{
    if (Serial.available() > 0)
    {
        char data = Serial.read();

        Serial.print ("Rx_data : ");
        Serial.println (data);
    }
}
```

③ **프로그램 코드 해석**

【setup 함수】

```
void setup()
{
   Serial.begin (9600);                  // 시리얼 통신 속도를 9600 bps로 초기화
}
```

【loop 함수】

```
void loop()
{
   if (Serial.available() > 0)           // 수신된 데이터가 있다면,
   {
      char data = Serial.read();         // 수신된 데이터를 읽어 data 변수에 저장

      Serial.print ("Rx_data : ");       // "Rx_data : " 문자열 전송
      Serial.println (data);             // 수신된 데이터 전송하고 줄 바꿈
   }
}
```

available 함수는 수신된 데이터가 있는지 확인하는 함수입니다. 아두이노 보드에서 수신된 데이터는 수신 버퍼라는 공간에 64바이트까지 저장됩니다. 즉, 64개의 문자를 수신 버퍼에 저장할 수 있다는 것입니다.

수신 버퍼에 저장된 데이터는 read 함수로 읽어야 하는데, 그 전에 available 함수로 수신 버퍼에 읽지 않은 데이터가 몇 개 남았는지 바이트 단위로 반환받습니다. 만약 새로 수신된 데이터가 없으면 0을 반환합니다.

```
Serial.available()
```

• 매개 변수는 없습니다.

read 함수는 수신 버퍼에 저장된 데이터를 순서대로 1바이트씩 읽어옵니다.

```
Serial.read()
```

• 매개 변수는 없습니다.

시리얼 모니터 창 상단에서 데이터를 입력할 수 있습니다. 이곳에 입력되어 전송되는 데이터는 컴퓨터에서 전송하는 것이고, 아두이노 관점에서는 수신하는 데이터입니다([그림 4-6] 참조).

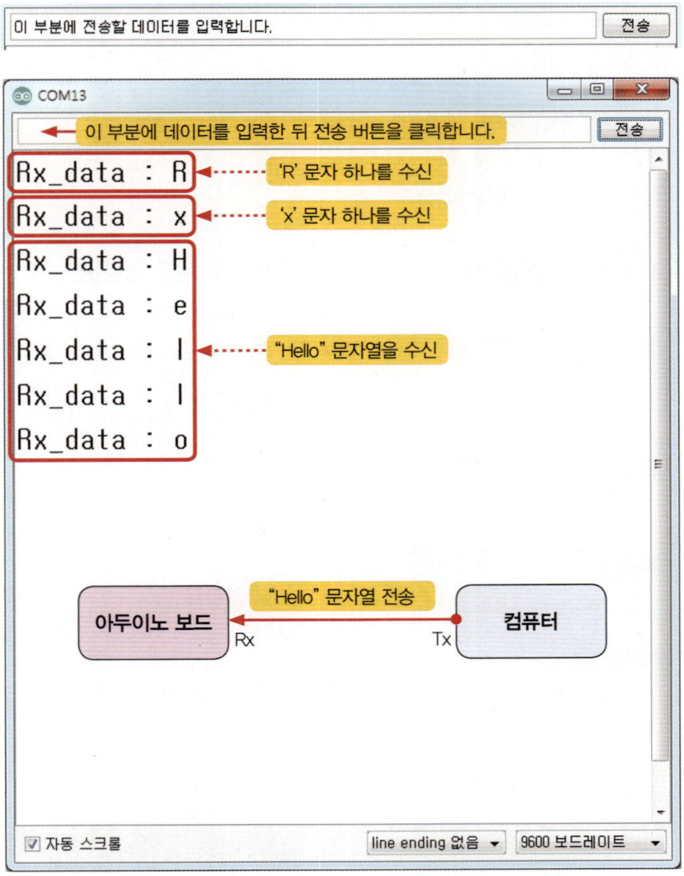

그림 4-6 시리얼 통신으로 문자와 문자열 수신

앞의 예제에서 조건문이라고 하는 if문이 사용되었습니다.

아두이노 프로그램은 기본적으로 위에서 아래로 순차적으로 실행됩니다. 하지만 조건문을 사용하면 조건에 따라 명령문의 실행 순서를 변경할 수 있습니다. 이런 조건문에는 if문과 switch-case문이 있습니다.

가. if문

기본 if문은 조건식의 결과에 따라 실행할 명령문이 선택됩니다. 조건식이 참일 경우 중괄호 안의 명령문이 실행되고, 거짓이면 if문은 실행되지 않고 다음 명령문이 실행됩니다.

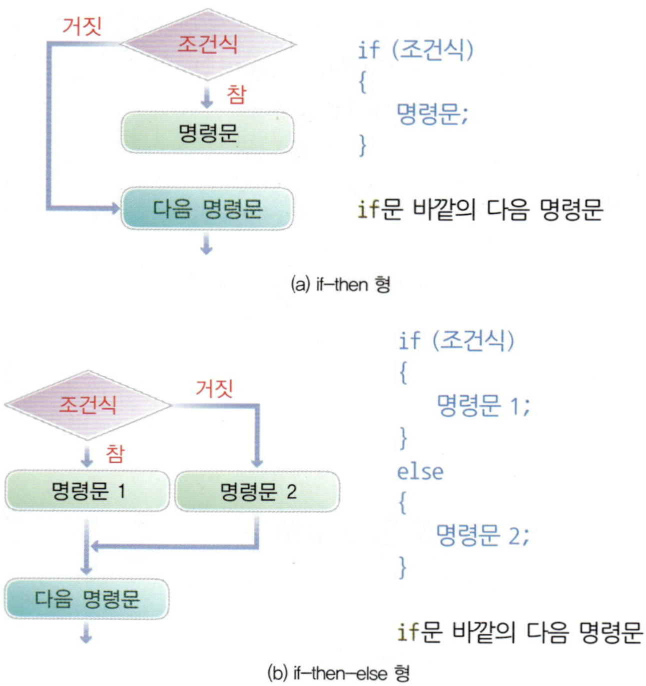

그림 4-7 기본 if문의 형식과 제어 흐름

※ if문 사용 예

예제에서 시리얼 통신으로 데이터가 수신되었는지 확인하는 부분에서 if-then 형이 사용되었습니다. if문의 조건이 참이 아니면 중괄호 내의 명령문들이 모두 실행되지 않는다는 것을 알 수 있습니다.

```
serial_error
void setup()
{
    Serial.begin (9600);
}

void loop()
{
    if (Serial.available() > 0)
    {
        char data = Serial.read();

        Serial.print ("Rx_data : ");
        Serial.println (data);
    }
}
```

그림 4-8 예제에서 if문이 사용된 부분

available 함수를 통해 수신 버퍼에 읽지 않은 데이터가 몇 개가 남았는지 바이트 단위로 반환받습니다. 예를 들어 컴퓨터에서 한 개의 문자가 수신되었다면 1을 반환할 것입니다. 조건식에서 0보다 크면 참이므로 if문 중괄호 안의 명령문이 실행됩니다. 즉, 수신된 데이터가 있으면 if문 내의 명령문들이 실행되도록 하고 있습니다.

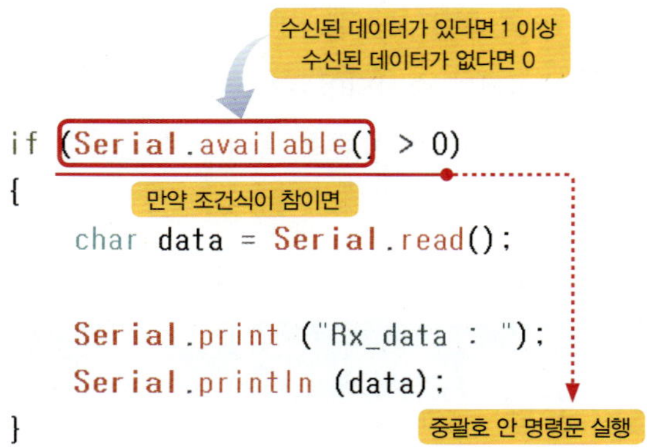

예제를 if-then-else 형으로 수정해서 프로그램 코드를 추가했습니다. 프로그램 코드를 업로드한 뒤에 시리얼 모니터 창에서 동작을 확인해 보세요.

```
void setup()
{
    Serial.begin (9600);                        // 시리얼 통신 속도를 9600 bps로 초기화
}

void loop()
{
    if (Serial.available() > 0)                 // 수신된 데이터가 있다면,
    {
        char data = Serial.read();              // 수신된 데이터를 읽어 data 변수에 저장

        Serial.print ( " Rx_data : " );         // " Rx_data : " 문자열 전송
        Serial.println (data);                  // 수신된 데이터 전송하고 줄 바꿈
    }

    else                                        // 수신된 데이터가 없다면,
    {
        Serial.println ( " No data received " ); // 문자열 전송하고 줄 바꿈
        delay (1000);                           // 1000 ms 지연
    }
}
```

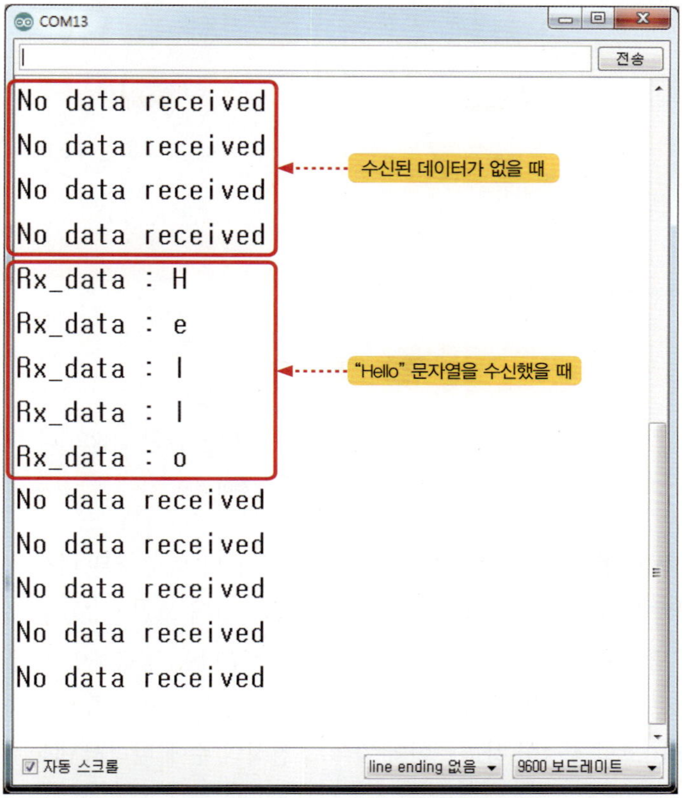

그림 4-9 if-then-else 형 예제 실행 결과

컴퓨터에서 데이터를 전송하지 않으면 "No data received"라는 문자열을 출력하는데 문자열이 너무 빠르게 출력되기 때문에 1초 간격으로 수신 데이터를 확인하도록 `delay` 함수를 추가하였습니다.

조건식이 1개 이상일 때 기본 if문을 중첩해서 다중 if문 형식을 만들 수 있습니다.

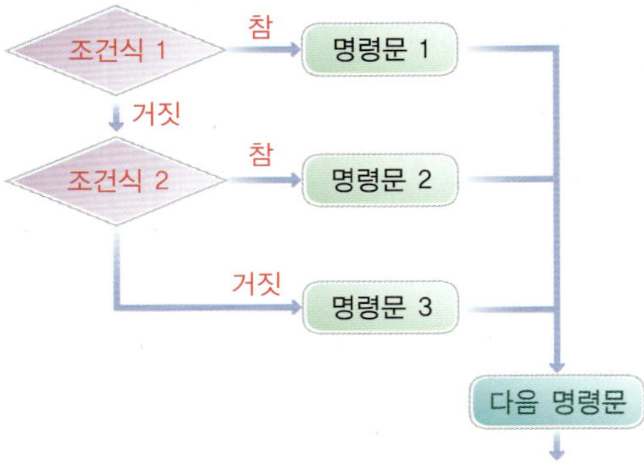


```
if (조건식 1)
{
    명령문 1;
}
else if (조건식 2)
{
    명령문 2;
}
else
{
    명령문 3;
}
```

다중 if문 바깥의 다음 명령문

그림 4-10 다중 if문의 형식과 제어 흐름

if 조건식 1이 참일 경우, if 내부의 명령문 1을 실행한 뒤 다중 if문 바깥의 다음 명령문이 실행됩니다. 만약 if 조건식 1이 거짓이면, 그 다음 else if의 조건식 2를 검사하며 참일 경우 else if 내부의 명령문 2를 실행한 뒤, 다중 if문 바깥의 다음 명령문이 실행됩니다. 조건식 1과 조건식 2가 모두 거짓이면 else 내부의 명령문 3을 실행하고 다중 if문 바깥의 다음 명령문이 실행됩니다([그림 4-10] 참조). 이와 같이 조건식의 수에 따라서 else if를 계속 추가할 수 있습니다.

다중 if문 방식으로 예제를 변경해 보겠습니다. 아두이노 보드가 컴퓨터를 통해 'r' 또는 'R'을 수신하면 빨간색 LED가 켜지고, 'b' 또는 'B'를 수신하면 파란색 LED를 켜는 동작을 하도록 합니다.

① 준비 부품들

부품명	아두이노 우노	브레드보드	점퍼 케이블	330Ω 저항	LED
이미지		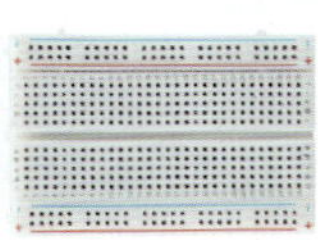			
수 량	1	1	3	2	2

② 부품 연결

9번 핀에 빨간색 LED를 연결하고, 8번 핀에 파란색 LED를 연결합니다([그림 4-11] 참조).

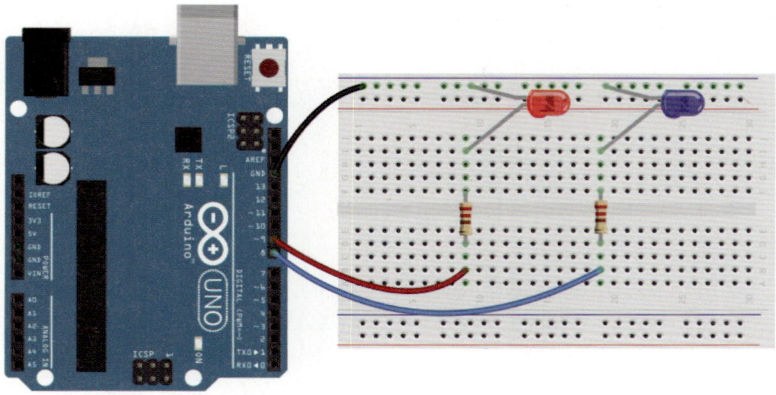

그림 4-11 8번 핀과 9번 핀에 각각 LED 연결

③ 프로그램 코드

```
int redLed = 9;
int blueLed = 8;

void setup()
{
   pinMode (redLed, OUTPUT);
   pinMode (blueLed, OUTPUT);
   Serial.begin (9600);
   Serial.println ( " LED control command start! " );
}

void loop()
{
   if (Serial.available() > 0)
   {
      char data = Serial.read();

      if (data == 'r' || data == 'R')
      {
```

```
        Serial.print ("Command : ");
        Serial.println (data);
        Serial.println ("Red LED ON");

        digitalWrite (redLed, HIGH);
        digitalWrite (blueLed, LOW);
      }
      else if (data == 'b' || data == 'B')
      {
        Serial.print ("Command : ");
        Serial.println (data);
        Serial.println ("Blue LED ON");

        digitalWrite (blueLed, HIGH);
        digitalWrite (redLed, LOW);
      }
      else
      {
        Serial.println ("wrong command");
        digitalWrite (redLed, LOW);
        digitalWrite (blueLed, LOW);
      }
    }
}
```

④ 프로그램 코드 해석

【변수 선언】

```
int redLed = 9;                        // 빨간색 LED 9번 핀에 연결
int blueLed = 8;                       // 파란색 LED 8번 핀에 연결
```

【setup 함수】

```
void setup()
{
   pinMode (redLed, OUTPUT);           // 9번 핀 출력 설정
   pinMode (blueLed, OUTPUT);          // 8번 핀 출력 설정
   Serial.begin (9600);                // 시리얼 통신 속도 9600 bps로 설정
```

```
    Serial.println ("LED control command start!");          // 문자열 PC로 전송
}
```

9번 핀과 8번 핀에 LED가 연결되어 있기 때문에 해당 핀들을 출력으로 설정해 줍니다. 그리고 시리얼 통신 속도는 9600 bps로 설정하고 시리얼 통신을 통해서 무엇을 하려는지 정보를 알려주기 위해 시리얼 모니터 창에 "LED control command start!"라는 문자열을 출력하도록 했습니다. 이때 "출력했다"는 표현을 쓰지만 실제로는 아두이노 보드에서 컴퓨터로 문자열을 전송한 것이고 전송된 문자열을 시리얼 모니터 창을 통해 확인한 것입니다.

【loop 함수】

```
void loop()
{
    if (Serial.available() > 0)                         // 수신된 데이터가 있다면,
    {
        char data = Serial.read();                      // 데이터를 읽어 data 변수에 저장

        if (data == 'r' || data == 'R')                 // data 변수 값이 'r' 또는 'R'이면,
        {
            Serial.print ("Command : ");                // "Command" 문자열 전송
            Serial.println (data);                      // data 변수 값 전송하고 줄 바꿈
            Serial.println ("Red LED ON");              // "Red LED ON" 문자열 전송

            digitalWrite (redLed, HIGH);                // 빨간색 LED ON
            digitalWrite (blueLed, LOW);                // 파란색 LED OFF
        }
        else if (data == 'b' || data == 'B')            // data 변수 값이 'b' 또는 'B'이면,
        {
            Serial.print ("Command : ");                // "Command" 문자열 전송
            Serial.println (data);                      // data 변수 값 전송하고 줄 바꿈
            Serial.println ("Blue LED ON");             // "Blue LED ON" 문자열 전송

            digitalWrite (blueLed, HIGH);               // 파란색 LED ON
            digitalWrite (redLed, LOW);                 // 빨간색 LED OFF
        }
        else                                            // 그 외의 문자면,
        {
```

```
            Serial.println ("wrong command");   // "wrong command" 문자열 전송
            digitalWrite (redLed, LOW);         // 빨간색 LED OFF
            digitalWrite (blueLed, LOW);        // 파란색 LED OFF
        }
    }
}
```

프로그램 코드에 중첩 if문이 적용되었습니다. 시리얼 모니터 창을 통해서 정보가 될 수 있는 데이터를 보기 위해서 print와 println 명령이 많이 사용되었을 뿐 이해하기 어려운 프로그램 코드는 없습니다.

시리얼 모니터 창에서 빨간색 LED를 뜻하는 소문자 'r' 또는 대문자 'R'을 입력한 뒤 전송 버튼을 누르면 print와 println 명령을 통해서 어떤 명령이 수신되었고 어떤 동작을 하는지에 대한 정보를 시리얼 모니터 창에 표시합니다. 실제로 print와 println 명령문들이 빠져도 LED를 제어하는 데 전혀 문제는 없지만 시리얼 통신을 통해서 전송 · 수신되는 데이터 정보를 확인하는 측면에서 도움이 됩니다.

아두이노 보드가 컴퓨터로부터 'r' 또는 대문자 'R'을 수신 받았다면 빨간색 LED가 켜지고 파란색 LED는 꺼집니다.

그 다음 else if 조건식을 보면 같은 방식으로 파란색 LED를 뜻하는 소문자 'b' 또는 대문자 'B'를 수신 받았다면 반대로 파란색 LED가 켜지고 빨간색 LED가 꺼지도록 합니다.

마지막으로 'r', 'R', 'b', 'B' 이외의 문자가 수신되면 두 개의 LED가 모두 꺼지도록 합니다.

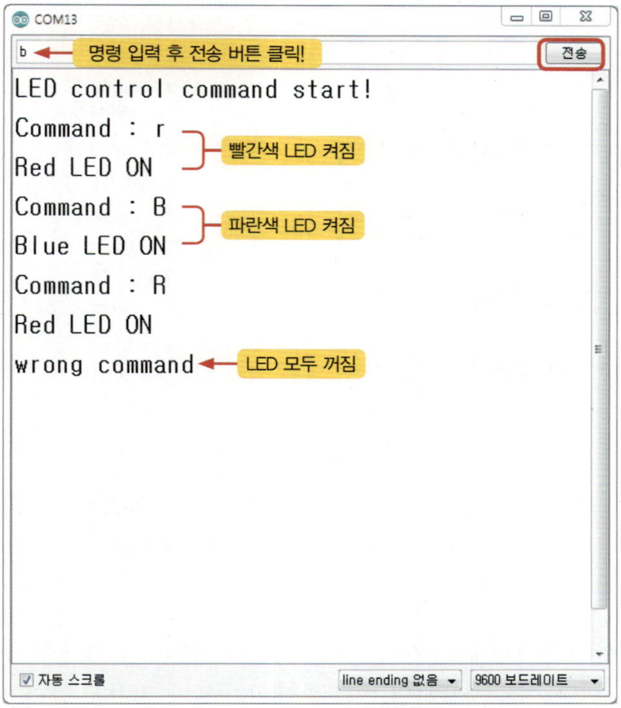

그림 4-12 중첩 if문 예제 실행 결과

나. switch-case문

switch-case문은 switch에서 지정한 변수나 값을 case 조건식에서 찾아 정해진 명령을 수행합니다.

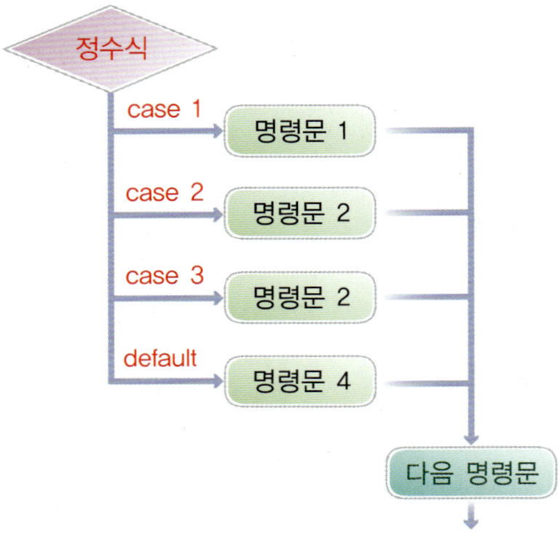


```
switch (정수식)
{
    case 값 1:
        명령문 1;
        break;
    case 값 2:
        명령문 2;
        break;
    case 값 3:
        명령문 3;
        break;
    default:
        명령문 4;
}

다음 명령문
```

그림 4-13 switch-case문의 형식과 제어 흐름

switch 키워드 다음의 괄호()에는 반드시 정수나 char 자료형을 써야 합니다. 만약 조건식을 쓰거나 double 등의 실수를 사용하면 컴파일 에러가 발생됩니다. 그리고 조건에 해당하는 명령문과 함께 break 명령을 반드시 포함해야 합니다. 만약 break 명령을 쓰지 않으면 조건과 상관없는 그 다음 명령문이 실행됩니다. case 값 뒤에는 쌍점이라고도 하는 콜론(:)을 붙여야 합니다.

다중 if문 방식의 예제를 switch-case문으로 변경하면 다음과 같습니다.

```
int redLed = 9;                                   // 빨간색 LED 9번 핀에 연결
int blueLed = 8;                                  // 파란색 LED 8번 핀에 연결

void setup()
{
    pinMode (redLed, OUTPUT);                     // 9번 핀 출력 설정
    pinMode (blueLed, OUTPUT);                    // 8번 핀 출력 설정
    Serial.begin (9600);                          // 시리얼 통신 속도 9600 bps로 설정
    Serial.println ("LED control command start!"); // 문자열 PC로 전송
}
```

```
void loop()
{
    if (Serial.available() > 0)                       // 수신된 데이터가 있다면,
    {
        char data = Serial.read();                    // 데이터를 읽어 data 변수에 저장

        switch (data)                                 // data 변수 값이 비교할 조건
        {
            case 'r':                                 // data 변수 값이 'r' 또는
            case 'R':                                 // 'R' 이면,
                Serial.print ("Command : ");          // "Command" 문자열 전송
                Serial.println (data);                // data 변수 값 전송하고 줄 바꿈
                Serial.println ("Red LED ON");        // "Red LED ON" 문자열 전송

                digitalWrite (redLed, HIGH);          // 빨간색 LED ON
                digitalWrite (blueLed, LOW);          // 파란색 LED OFF
                break;
            case 'b':                                 // data 변수 값이 'b' 또는
            case 'B':                                 // 'B' 이면,
                Serial.print ("Command : ");          // "Command" 문자열 전송
                Serial.println (data);                // data 변수 값 전송하고 줄 바꿈
                Serial.println ("Blue LED ON");       // "Blue LED ON" 문자열 전송

                digitalWrite (blueLed, HIGH);         // 파란색 LED ON
                digitalWrite (redLed, LOW);           // 빨간색 LED OFF
                break;
            default:                                  // 그 외의 문자면,
                Serial.println ("wrong command");     // "wrong command" 문자열 전송
                digitalWrite (redLed, LOW);           // 빨간색 LED OFF
                digitalWrite (blueLed, LOW);          // 파란색 LED OFF
        }
    }
}
```

CHAPTER

05

3색 RGB LED

5.1 RGB LED

RGB LED는 빛의 3원색인 빨간색(R), 초록색(G), 파란색(B) 빛을 내는 세 개의 LED를 조합해서 백색광을 만듭니다. 아두이노에서는 0~255 범위의 PWM 값을 조절하여 각각의 LED별로 출력을 제어하여 다양한 컬러의 빛을 만들 수 있습니다.

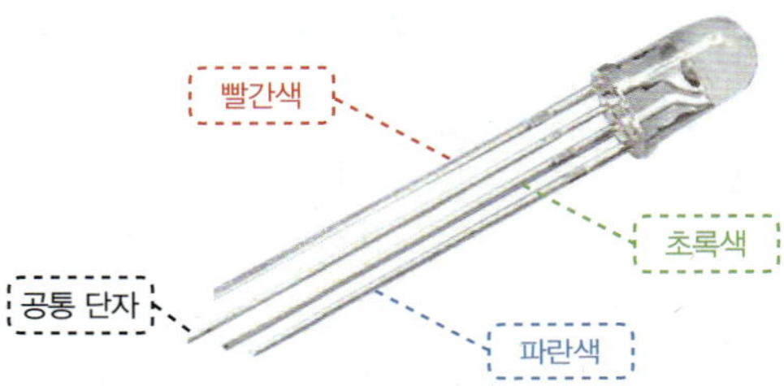

그림 5-1 RGB LED

RGB LED의 외형은 동일하게 보이지만 캐소드 공통 형과 애노드 공통 형이 있습니다. 캐소드 공통 형은 각 LED 핀이 HIGH(5 V)일 때 켜지고, 애노드 공통 형은 각 LED 핀이 LOW(0 V)일 때 켜집니다.

빛의 3원색은 섞을수록 밝아지는 특징을 가지고 있으며 세 가지 색을 모두 겹치면 흰색이 나타납니다. 그리고 빨간색과 초록색 빛을 겹치면 노란색, 빨간색과 파란색 빛을 겹치면 자홍색, 초록색과 파란색 빛을 겹치면 청록색이 나타납니다. 이렇게 세 가지 색의 조합 값을 찾을 때는 네이버에서 제공하는 색상 코드를 참고하면 표현하고자 하는 색상 값을 쉽게 찾을 수 있습니다.

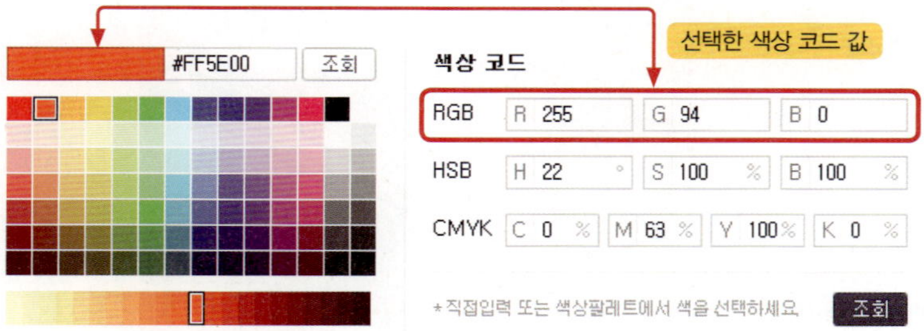

그림 5-2 네이버에서 제공하는 색상 코드

5.2 시리얼 통신으로 RGB LED 제어하기

시리얼 통신으로 RGB LED에 기본 색인 빨간색, 초록색, 파란색을 각각 표현해 보겠습니다.

① 준비 부품들

부품명	아두이노 우노	브레드보드	점퍼 케이블	330Ω 저항	RGB LED
이미지		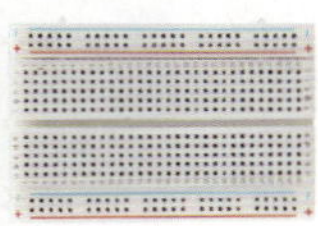			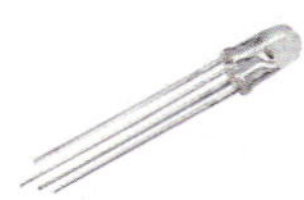
수 량	1	1	4	3	1

② 부품 연결

사용된 RGB LED는 캐소드 공통형으로 가장 긴 다리에 접지를 연결해 줍니다. 나머지 각각의 다리는 330옴의 저항을 연결한 뒤 빨간색 다리는 6번 핀, 초록색 다리는 5번 핀, 파란색 다리는 3번 핀에 연결해 줍니다.

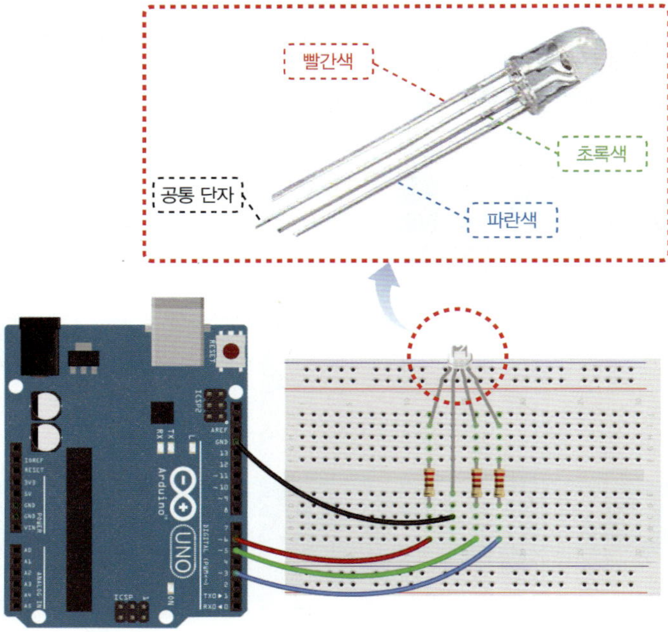

그림 5-3 PWM 출력 핀에 RGB LED 연결

③ 프로그램 코드

```
int redPin = 6;
int greenPin = 5;
int bluePin = 3;

void setup()
{
    Serial.begin (9600);
    Serial.println ( " RGB LED control command start! " );
}

void loop()
{
    if (Serial.available() > 0)
    {
        char color = Serial.read();

        if (color == 'r' || color == 'R')
```

```
        {
            Red_color();
        }
        else if (color == ‘g’ || color == ‘G’)
        {
            Green_color();
        }
        else if (color == ‘b’ || color == ‘B’)
        }
            Blue_color();
        }
        else
        {
            Serial.println (“wrong command-RGB OFF”);
            analogWrite (redPin, 0);
            analogWrite (greenPin, 0);
            analogWrite (bluePin, 0);
        }
    }
}

void Red_color()
{
    analogWrite (redPin, 255);
    analogWrite (greenPin, 0);
    analogWrite (bluePin, 0);
}

void Green_color()
{
    analogWrite (redPin, 0);
    analogWrite (greenPin, 255);
    analogWrite (bluePin, 0);
}

void Blue_color ()
{
    analogWrite (redPin, 0);
    analogWrite (greenPin, 0);
    analogWrite (bluePin, 255);
}
```

④ **프로그램 코드 해석**

【변수 선언】

```
int redPin = 6;                              // 빨간색 다리 6번 핀에 연결
int greenPin = 5;                            // 초록색 다리 5번 핀에 연결
int bluePin = 3;                             // 파란색 다리 3번 핀에 연결
```

아두이노 우노 보드의 9번 핀, 10번 핀, 11번 핀을 사용해도 괜찮습니다. 만약 핀 번호를 바꾸거나 RGB LED를 추가한다면 RGB LED의 각 다리에 연결된 핀 번호가 정확하게 지정되도록 해야 합니다.

【setup 함수】

```
void setup()
{
   Serial.begin (9600);                      // 시리얼 통신 속도 9600 bps로 설정
   Serial.println ("RGB LED control command start!");
}
```

시리얼 통신으로 RGB LED를 제어하기 때문에 setup 함수에서 시리얼 통신 초기화를 해줍니다. 그리고 무슨 작업을 할 것인지에 대한 정보를 시리얼 모니터 창에 출력하기 위해서 "RGB LED control command start!" 문자열을 전송합니다.

【loop 함수】

```
void loop()
{
   if (Serial.available() > 0)               // 수신된 데이터가 있다면,
   {
      char color = Serial.read();            // 데이터를 읽어 color 변수에 저장

      if (color == 'r' || color == 'R')      // color 변수 값이 'r' 또는 'R'이면,
      {
```

```
            Red_color();                              // Red_color 함수 호출
        }
        else if (color == 'g' || color == 'G')   // color 변수 값이 'g' 또는 'G'이면,
        {
            Green_color();                            // Green_color 함수 호출
        }
        else if (color == 'b' || color == 'B')   // color 변수 값이 'b' 또는 'B'이면,
        {
            Blue_color();                             // Blue_color 함수 호출
        }
        else
        {
            Serial.println ("wrong command-RGB OFF");
            analogWrite (redPin, 0);                  // 빨간색 끔
            analogWrite (greenPin, 0);                // 초록색 끔
            analogWrite (bluePin, 0);                 // 파란색 끔
        }
    }
}

void Red_color()                                      // Red_color 함수
{
    analogWrite (redPin, 255);                        // 빨간색 코드 값 255
    analogWrite (greenPin, 0);                        // 초록색 코드 값 0
    analogWrite (bluePin, 0);                         // 파란색 코드 값 0
}

void Green_color()                                    // Green_color 함수
{
    analogWrite (redPin, 0);                          // 빨간색 코드 값 0
    analogWrite (greenPin, 255);                      // 초록색 코드 값 255
    analogWrite (bluePin, 0);                         // 파란색 코드 값 0
}

void Blue_color ()                                    // Blue_color 함수
{
    analogWrite (redPin, 0);                          // 빨간색 코드 값 0
    analogWrite (greenPin, 0);                        // 초록색 코드 값 0
    analogWrite (bluePin, 255);                       // 파란색 코드 값 255
}
```

프로그램 코드의 길이를 줄이기 위해서 시리얼 모니터 창에 띄울 수 있는 정보들은 모두 생략했습니다. 이미 앞에서 모두 언급된 부분들이라 주석을 참고하면 해석하기 어렵지 않을 것입니다.

네이버 색상표를 참고해서 표현하고자 하는 색상 코드 값을 RGB LED에 적용합니다. RGB 색상 코드 값이 섞이면 다양한 색상 표현이 됩니다. 예를 들어 RGB LED에 빨간색을 표현하기 위해서 빨간색 다리에 analogWrite 함수로 100% 듀티비를 적용하고, 초록색과 파란색 다리에는 0% 듀티비를 적용하여 색상 표현을 하지 않도록 만들어 주면 됩니다.

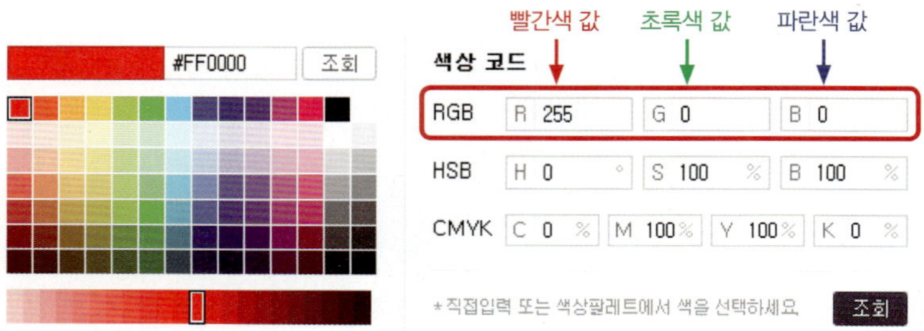

그림 5-4 빨간색 코드 값

다중 if문에서 수신되는 조건에 해당하면 각각의 함수가 호출되도록 했습니다. 함수라는 표현은 지금까지 계속 사용했습니다. setup, loop, digitalWrite, analogWrite 등이 모두 함수입니다.

가. 함수

함수는 특정 작업을 반복해서 처리하는 부분을 작은 단위로 묶은 프로그램입니다. 초등학교에서 함수의 개념은 이미 배웠습니다. 아두이노 프로그램에서 말하는 함수도 수학 교과서에 등장하는 함수와 동일한 방식으로 작동합니다.

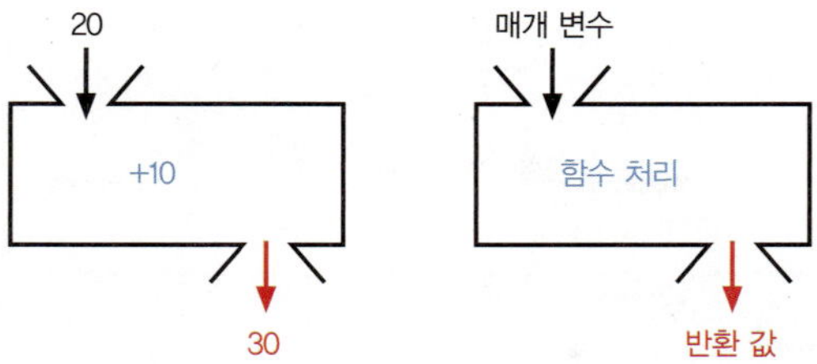

그림 5-5 함수의 개념

[그림 5-5]와 같이 처리할 데이터를 함수의 입력 부분을 통해 넣고 함수의 몸체에서 입력된 데이터를 처리한 결과 값을 반환해주는 원리입니다. 프로그램 코드에서 이런 방식으로 처리되는 부분을 함수로 만들 수 있습니다. 특히, 반복해서 처리되는 부분을 함수로 만들면 코드가 간결해지고 가독성이 높아집니다. 이외에도 여러 장점이 있지만 초보자가 프로그램 코드를 함수 형태로 구성하는 것은 많은 시간이 걸릴 수 있습니다. 하지만 앞으로 여러분들이 경험하게 될 아두이노 프로젝트들은 함수 형태로 만들어져 있기 때문에 직접 프로그램 코드를 함수로 구성하지 못하더라도 함수가 어떻게 동작하는지 이해할 수 있어야 합니다.

함수의 형식은 다음과 같습니다.

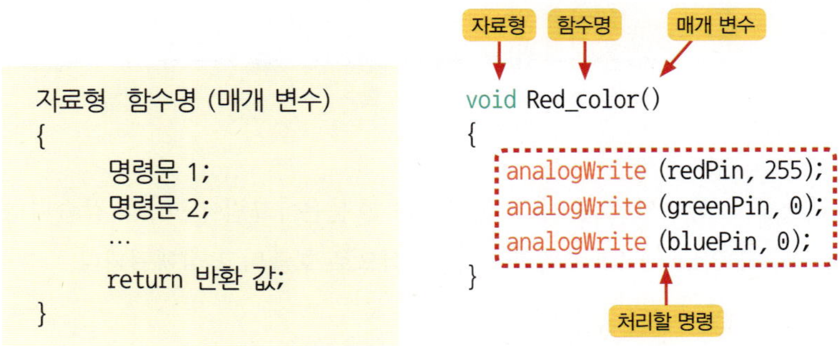

그림 5-6 함수의 형식과 예제에서 사용된 함수 부분 비교

익숙한 delay 함수를 보겠습니다. delay 함수는 대기 또는 지연 용도로 사용했습니다. 밀리초 단위의 값으로 입력했던 부분이 매개 변수 값으로 전달되는 부분이고 아래쪽에 delay 함수가 호출되면 실행되는 코드에서 매개 변수 값으로 전달된 것을 값으로 밀리초를 계산하도록 되어 있습니다.

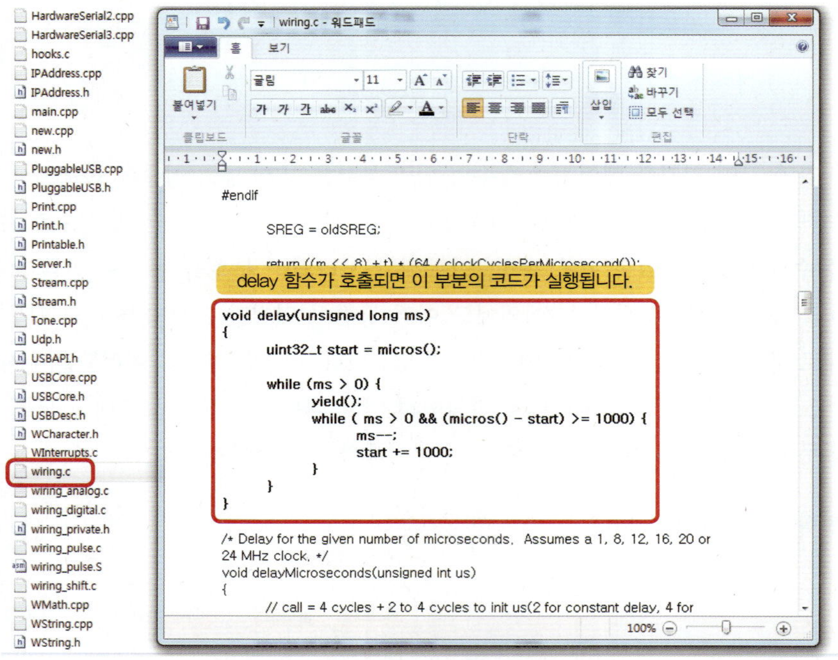

그림 5-7 delay 함수

예제에서 Red_color 함수가 호출되고 실행되는 흐름은 [그림 5-8]과 같습니다. 나머지 Green_color 함수와 Blue_color 함수도 같은 방식으로 호출되고 실행됩니다.

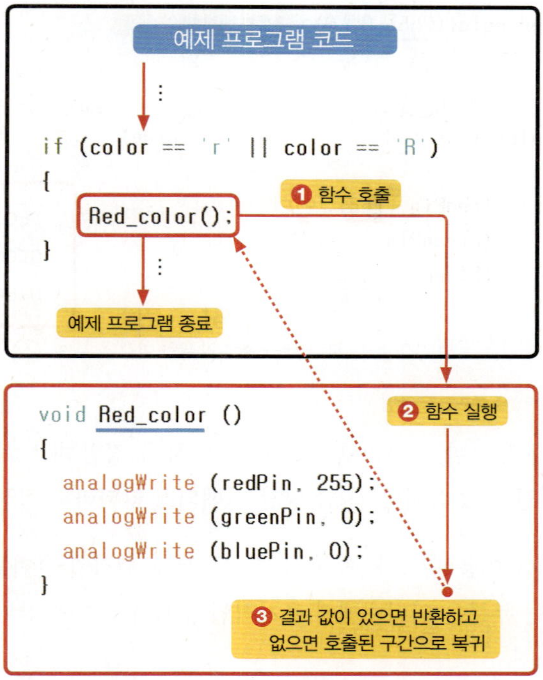

그림 5-8 함수의 호출과 실행

아두이노에서 사용된 대부분의 함수 자료형은 void입니다. 자료형에 void는 반환 값이 없다는 의미이고 매개 변수에 void는 매개 변수가 없다는 의미입니다. 자료형과 매개 변수에 아무 것도 쓰지 않으면 void로 적용됩니다.

자료형과 매개 변수의 유무에 따라서 다음과 같이 네 가지 유형의 함수로 구분할 수 있습니다.

- 매개 변수가 있고, 반환 값 있음 : `int func (int a, int b) { }`
- 매개 변수가 있고, 반환 값 없음 : `void func (int a, int b) { }`
- 매개 변수가 없고, 반환 값 있음 : `int func (void) { }`
- 매개 변수가 없고, 반환 값 없음 : `void func (void) { }`

예제의 Red_color 함수를 매개 변수가 있고, 반환 값은 없는 유형으로 변경하면 [그림 5-9]와 같습니다.

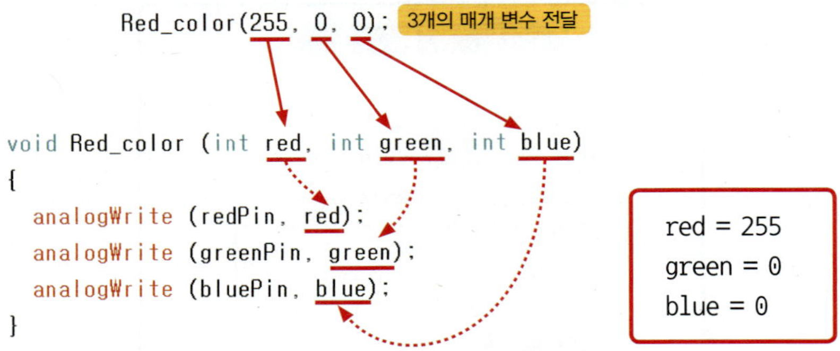

그림 5-9 Red_color 함수의 유형 변경

함수는 다른 사람들이 작성한 프로그램 코드를 다양하게 경험하고 이해한 뒤에 모방하여 작성하면 빨리 익숙해질 수 있습니다. 지금 당장 이해되지 않더라도 걱정할 필요 없습니다.

지금까지 간단한 회로를 이용해서 아두이노에서 다루는 기본적인 문법들을 모두 살펴보았습니다. 이해가 되지 않는 부분은 인터넷에서 추가적인 문서나 예제를 찾아보고 실습해 보세요.

찾아보기

한글

영문